周易

全译本

程向东 译注

乾：元，亨，利，贞。

初九，潜龙勿用。

苏州新闻出版集团

古吴轩出版社

图书在版编目（CIP）数据

周易：全译本 / 程向东译注. -- 苏州：古吴轩出版社，2024.4
ISBN 978-7-5546-2356-5

Ⅰ．①周… Ⅱ．①程… Ⅲ．①《周易》－译文 Ⅳ．①B221.4

中国国家版本馆CIP数据核字（2024）第076736号

责任编辑：俞　都
见习编辑：胡　玥
策　　划：村　上
装帧设计：侯茗轩

书　　名：周易·全译本
译　　注：程向东
出版发行：苏州新闻出版集团
　　　　　古吴轩出版社
　　　　　地址：苏州市八达街118号苏州新闻大厦30F
　　　　　电话：0512-65233679　　　邮编：215123
出 版 人：王乐飞
印　　刷：天宇万达印刷有限公司
开　　本：880mm×1230mm　　1/32
印　　张：10
字　　数：190千字
版　　次：2024年4月第1版
印　　次：2024年4月第1次印刷
书　　号：ISBN 978-7-5546-2356-5
定　　价：49.00元

如有印装质量问题，请与印刷厂联系。0318-5695320

编辑说明

《周易》一书，以其蕴含的微妙精深的智慧，流传两千多年来令人受用无穷，被誉为"群经之首，大道之源"。自伏羲画卦、文王演《易》以来，古之圣贤为之作传、作注者层出不穷，其中以孔子所作《易传》最为著名。孔子所作《易传》又称为《十翼》，包含《彖传上》《彖传下》《象传上》《象传下》《系辞传上》《系辞传下》《文言传》《说卦传》《序卦传》《杂卦传》共十篇七种传文。《十翼》如《周易》之羽翼，丰实其大义，故称。后世儒道圣贤治《易》，皆以孔子所作《易传》为理论依据，在其基础上加上自己的理解展开叙述。因此，《易传》中对理解《周易》大道起着至关重要作用的《彖传上》《彖传下》《象传上》《象传下》已作为注解插入《周易》原文，这便是如今通行本《易经》内容的由来。

《易经》作为儒家"五经"之一，其义理随着历史不断发展，后来又经过魏晋玄学、宋明理学的进一步发挥，才有了今天的易学。然而，《易经》包罗万象，无所穷尽，并非一个人、一本书能详尽其大义，因此，古往今来，人们对《易经》的理解各不相同，有时甚至大相径庭、风马牛不相及。但这并不代表各家的理解有孰对孰错之分，而是未得道之人观之大道，犹如盲人摸象，各执一端，但所见所感皆为大道之一面。

若将现今的易学流派分门别类，可大致分为"象数"和"义理"两派，前者注重阴阳八卦与五行、十天干、十二地支等的配位关系，为卦义赋予取象含义，从术数配位的角度阐释天地大道；后者以日常社会中的伦理道德为基础，通过阴阳消长的规律阐释"天道"，再从君子效法天地的角度阐释"人德"，总结为君子为人处世的人生哲学。象数派多以东汉郑玄、三国吴虞翻的《周易》注本作为参考，义理派多以三国魏王弼、北宋程颐的注本作为参考。而本书译者认为，"象数"与"义理"并无根本之别，端看读者认为哪一种方式更容易理解，因此两派皆有援引。本书原文根据中华书局版郭彧译本勘校，注释和译文广泛参考古今名家译注版本，除郭彧先生的版本外，以程颐《周易程氏传》，南怀瑾、徐芹庭《白话易经》两版参考最多。

尽管大道"惟精惟一，允执厥中"，但人心发散，各人理解不同。其实，在参悟大道时，未必要追求与古圣先贤的看法一致，也不必执着于版本文字的偏差，重要的是自己的内心如何认知、如何体悟，那个虚无缥缈、求之不见的灵心本性有没有受到启发。譬如禅宗"标月指"的公案，明月如真如大道一般常照夜空，吾将如此皎洁美丽之月亮指示给人看，人应仰头瞻仰明月，而非注视吾之手指。一切阐述大道之文字，皆非大道之本体，而如指月之手指。天空中如如不动的明月，才是大道本身。文字只能将大道指示给人看，却不能代替读者去窥见大道的形体，因此各家译注大相径庭也属常情，毕竟每个人手指的粗细长短也各不相同。只愿有缘阅读本书的读者，能够明白个中道理，循于文却不执于文，这样才能启发灵心本性，体解大道，真实受益。

　　此致感谢！再次祝愿各位读者在阅读过程中有所启发！

常见解卦术语释义

互：每一个六爻卦由上下两个三爻卦组成，掐头去尾之后，亦可看作二至四、三至五两个三爻卦交互而成，因此卦中藏卦。如䷧雷水解，二至四互离，三至五互坎。除此之外，亦可将相邻的两个性质相同的卦爻看作一个爻，与其上下两爻共同组成一个四画卦。如䷙山天大畜，三至上互四画离。五画同理，如䷂水雷屯，初至五互五画离，亦称互大离。

覆：《周易》六十四卦之所以变化无穷，是因为各卦之间可以互相转化，将一个卦象上下颠倒（物极必反），即可得到一个新的卦象（乾、坤、离、坎象天、地、日、月，无可反覆），称为"覆卦"。如震与艮、兑与巽互为覆卦。

伏：《周易》六十四卦共分为三十二对，每一对之间的阴阳转化规则"非覆即变"，"变"即是变为其所倚伏的对立面，即阴变为阳、阳变为阴，变化之后的卦象称为"变卦"或者"伏卦"。如乾坤互伏、离坎互伏、震巽互伏、艮兑互伏。

乘：具体观看某一卦中的某一爻时，要根据其所处的位置和上下爻的关系来分析。"乘"即为乘驾，居高临下，即一爻凌驾于一爻之上。一般来说阳尊阴卑（具体依卦义而言），阳乘于阴则顺，阴乘于阳则逆。

承：与"乘"相反，一爻在下，承载另一爻，称为"承"。多指阴爻谦卑处下，顺承于上，或者贤臣辅佐明君。

比：若依照卦义，相邻两爻之间能够互相亲比，则称两爻"相比"。以阴阳相比为善，有刚柔并济之意。

应：每一个六爻卦都分为上下两卦，两卦相同位置的卦爻（初与四、二与五、三与上）若为一阴一阳则称为"应"，若同为阴爻或同为阳爻则称为"不应"或"敌应"（亦须依具体卦义而言）。

中：六爻卦上下卦各为三爻卦，每一个三爻卦中间的卦爻位置居中，称为"中"，它象征不偏不倚，符合中道的原则。于六爻卦而言，二与五的位置为中位。

正：六爻卦初、三、五的位置为阳位，二、四、上的位置为阴位，阳爻处阳位、阴爻处阴位为"正"，象征遵守正道。以阳处阴、以阴处阳皆为"不正"。

贞：具有多重含义，常见的有两种。一是贞正，即坚贞正直的意思；二是占卜，《周易》本为占卜之辞，用以占问吉凶。有时二者皆通，需在具体句意中进行辨析。

吉：顺从《易》理为"吉"，意为顺天和人，人与天地万物和谐相处，天助人助，好运吉祥。

凶：逆反《易》理为"凶"，意为离经叛道，失道寡助，必有大祸临头。

悔：自凶而趋吉曰"悔"，即犯了过失，心中想要补过迁善，知错能改，善莫大焉，悔后趋吉，灾祸自然消失（译文为求简洁、通俗易懂，皆翻作引申义"灾祸"，特此说明。下同）。

吝：自吉而趋凶曰"吝"，即本来行于正道，但犯下微小的错误而不知悔改，因此麻烦越来越大，以致行道艰难（译文常常将之译作艰难的险境）。

八卦取象表

八卦	自然	人伦	身体	动物	器物	形色	其他
乾☰	天寒冰	君父	首	良马瘠马驳马	玉金	圆大赤	木果
坤☷	地	母	腹	子母牛	布釜大舆柄	地色为黑	吝啬均文众
震☳	雷	长男	足	龙善鸣之马馵足之马的颡之马		玄黄	敷大涂决躁苍筤竹萑苇反生庄稼健蕃鲜
巽☴	木风	长女	股		绳直	白长高寡发者广颡者多白眼者	工进退不果臭近利市三倍

八卦	自然	人伦	身体	动物	器物	形色	其他
坎 ☵	水月	中男	耳血	美脊之马 亟心之马 下首之马 薄蹄之马 曳马	弓轮	矫輮赤	沟渎 隐伏 加忧 心病 耳病 通 盗 坚多心之木
离 ☲	火日电	中女	目	鳖蟹蠃蚌龟	甲胄戈兵	大腹者	科上槁之木
艮 ☶	山小石	少男	手指	狗鼠黔喙之属	门阙		径路 果蓏 阍寺 坚多节之木
兑 ☱	泽	少女妾巫	口舌	羊		刚卤之地	毁折附决

上 经

下　经

上
经
SHANG JING

乾为天

【原文】乾：元，亨，利，贞①。

【译白】乾卦象征天：原始，亨通，和谐，贞正。

【原文】《彖》②曰：大哉乾元！万物资始，乃统天。云行雨施，品物流形。大明终始，六位时成③，时乘六龙以御天。乾道变化，各正性命。保合大和④，乃利贞，首出庶物，万国咸宁。

【译白】《彖传》说：乾元真是伟大啊！由此开始，万物赖以生存，并统属于上天。流云飘过，降下甘霖，万物开始在

---

① 元，亨，利，贞：元，始也；亨，通也；利，和也；贞，正也。指上天化育万物之德。

② 《彖》：即《彖传》，《十翼》七种传文之一，是解释《周易》六十四卦每一卦卦名、卦辞的传文，主要是揭示此卦的意义所在。

③ 六位时成：《周易》六十四卦每一卦都有六爻，其中阳爻（一）称为"九"，阴爻（--）称为"六"，最下的称为"初"，最上的称为"上"，其余四爻由下至上分别称"二""三""四""五"。乾卦的六爻分别称"初九""九二""九三""九四""九五""上九"，并且乾卦的六爻分别代表一种时间单位，可以是一月中的五天，也可以是一旬中的一日。

④ 大和：大，通"太"，极大的，伟大的；和，中和的，和谐的。

天地间普遍繁育。太阳东升西落，日夜更替，六爻从初爻到上爻代表了时间的跨度。乾元乘着六阳时（乾卦六阳爻）统御着天道。乾元凭着刚健变化的道理，规范着天地万物的本性和命运。天道保持着伟大、和谐的天地正义，这是普利万物的基本条件，天下邦国都会由此得到和平安定。

【原文】《象》[①]曰：天行健，君子以自强不息。

【译白】《象传》说：天道运行周而复始，永无止息，刚健无比。君子观此卦象，应当效法天道，树立"自强不息"的志向。

【原文】初九，潜龙[②]勿用。

【译白】初九，龙潜伏在渊底，养精蓄锐，此时不宜轻举妄动。

【原文】《象》曰："潜龙勿用"，阳在下也。

---

① 《象》：即《象传》，也是《十翼》七种传文之一，多举天地万物之象来比喻人事，以解释卦象、卦名的含义。

② 潜龙：六爻中的初爻与二爻象征"地道"，三爻与四爻象征"人道"，五爻与上爻象征"天道"，此所谓"三才之道"。初九居"地道"下位，地下有渊。并且从初爻看卦有"见初阳而不见其余之阳"的原则，即将初九以上五个爻都当作阴爻来看，如此下卦就成为震，震为龙，故曰"潜龙"。

【译白】《象传》说："潜龙勿用"，是因为阳爻处在下位（将其上五个爻都作阴爻来看），才能不能发挥出来。

【原文】九二，见龙在田①，利见大人。

【译白】九二，龙已经出现在田野中，利于君子遇到贵人。

【原文】《象》曰："见龙在田"，德施普也。

【译白】《象传》说："见龙在田"，是天地之德有所普化了。

【原文】九三，君子终日乾乾②，夕惕若厉，无咎。

【译白】九三，君子白天加倍自强不息，到了晚上也能像遇到危险一样保持警惕，不敢有丝毫的懈怠，这样就能避免灾祸。

---

① 见（xiàn）龙在田：见，通"现"，出现，显现。九二爻居"地道"上位，地上有田。二至四爻互震为龙，三至五爻互坤为田，震入坤，故曰"见龙在田"。
② 乾乾：健而又健。九三爻以上作阴爻看，为地天泰，乃天地之气已经相交之象。泰卦下乾为昼、上坤为夜，二至四互兑为西方之卦，乃君子处夕阳西下之时。又下乾为健，三至五互震为健，故曰"健而又健"。马王堆帛书《周易》作"键键"。

【原文】《象》曰："终日乾乾"，反复道也。

【译白】《象传》说："终日乾乾"，君子要反复从道而行。

【原文】九四，或跃在渊①，无咎。

【译白】九四，龙时而腾跃而起，时而潜伏在深渊中，均没有灾祸。

【原文】《象》曰："或跃在渊"，进无咎也。

【译白】《象传》说："或跃在渊"，君子能审时度势，进退自如，所以上进不会有灾祸。

【原文】九五，飞龙在天②，利见③大人。

【译白】九五，龙飞腾到天上，利于出现有道德并居高位的大人物。

【原文】《象》曰："飞龙在天"，大人造也。

---

① 或跃在渊：九四以上作阴爻，为雷天大壮。大壮卦上震为龙足，九三上升到坤之初爻为渊，震"龙"主爻居坤之初爻，化坤为震，乃龙跃于渊之象。

② 飞龙在天：九五以上作阴爻，为泽天夬。夬卦震"龙"行至"天道"正位，故曰"飞龙在天"。

③ 见（xiàn）：通"现"，出现。

【译白】《象传》说:"飞龙在天",象征有道德且身居高位的大人物会有一番作为。

【原文】上九,亢龙有悔①。

【译白】上九,龙飞到了过高的地方,便有了悔恨。

【原文】《象》曰:"亢龙有悔",盈不可久也。

【译白】《象传》说:"亢龙有悔",事物不可能长久地处于盈满的状态,发展到了尽头,必将走向自己的对立面。

【原文】用九②,见群龙无首③,吉。

【译白】用九,出现一群龙,而其中没有首领,吉祥。

【原文】《象》曰:用九,天德不可为首也。

【译白】《象传》说:用九,上天虽然化育万物,但却不居首,不恃功。因此,以上天之德不可能担任群龙之首。

---

① 亢龙有悔:亢,高,极端。震"龙"主爻居于乾卦上九之位,为极端之象。万物有其适宜,过则有悔,故曰"亢龙有悔"。
② 用九:用,马王堆帛书《周易》作"迵"(dòng),通达之意。震主爻"君子"居初位,曰"潜龙勿用",居其余五位曰"用"。
③ 见(xiàn)群龙无首:见,通"现",出现。乾为六十四卦之首,且六阳爻都为震"龙",是群龙有首。而乾卦接下来将进入坤卦,性质反转变化,故曰坤卦"群龙无首"。

䷁坤为地

【原文】坤：元，亨，利牝马①之贞。君子有攸往，先迷；后得主，利。西南得朋，东北丧朋。安贞吉。

【译白】坤卦象征地：伟大，亨通。如果像母马那样温顺，则是有利的。君子有所往之地，若抢先或居首位，就会迷失方向；若以他人为主，行在人后，则结果有利。在西南方结交朋友，在东北方失去朋友。安守贞正之道，吉祥。

【原文】《彖》曰：至哉坤元！万物资生，乃顺承天。坤厚载物，德合无疆。含弘光大，品物咸亨。"牝马"地类，行地无疆，柔顺利贞。"君子"攸行，先迷失道，后顺得常。"西南得朋"，乃与类行。"东北丧朋"，乃终有庆。"安贞"之吉，应地无疆。

【译白】《彖传》说：至善至美的大地啊！万物依靠它而生存，它恭敬地顺承天道。大地以厚德负载万物，乾坤之德合

---

① 牝（pìn）马：母马。牝，雌性牲畜，后引申为阴性的事物。与之相对的是"牡"，指雄性牲畜或阳性的事物。

和而广大无边。大地包容、辽阔又滋养万物，万物因此蓬勃生长。"牝马"是地面生物，在无边无际的大地上自由驰骋，温顺、坚贞利于坚守正道。"君子"在路途中以己为先，抢居首位便会迷失道路；跟随人后，温和顺从便能顺利地行至常道。"西南得朋"，是与志同道合的人一起前行。"东北丧朋"，最终仍然有吉庆。"安贞"的"吉"，对应的就是能包容万物、广博无疆的大地。

【原文】《象》曰：地势坤，君子以厚德载物。

【译白】《象传》说：坤卦象征大地的气势与德行。君子观此卦象，应当效法大地，胸怀宽广，包容万物。

【原文】初六，履霜，坚冰至[①]。

【译白】初六，脚踏白霜，就预示着冰雪即将到来了。

【原文】《象》曰："履霜，坚冰"，阴始凝也。驯致其道，至坚冰也。

【译白】《象传》说："履霜，坚冰"，说明此时阴气开

---

① 履霜，坚冰至：与乾卦初九同理，看坤卦初六也要本着"见初阴不见其余之阴"的原则，为天风姤。姤卦下巽为白，二至四互乾为寒，初六就代表白霜。巽伏震为动、为足，故曰"履霜"；又姤卦上乾为冰，故曰"坚冰至"。

始凝聚了。顺此规律发展下去，坚冰凝结的时节也就到来了。

【原文】六二，直方大①，不习无不利。

【译白】六二，正直、端庄、宏大，具备这样的品质，即使不经常学习，也不会有什么不利的事发生。

【原文】《象》曰：六二之动，直以方也。"不习无不利"，地道光也。

【译白】《象传》说：六二爻的变动，总是具有正直、端正的性质。"不习无不利"，是因为大地厚德载物的德行得到了发扬。

【原文】六三，含章可贞②。或从王事，无成有终。

【译白】六三，胸怀才华而不显露，才称得上"贞正"。辅佐君主如果能恪尽职守，功成身退，最后便能善终。

_____

① 直方大：六二以上作阳爻，为天山遁。二至四互巽，巽为木、为绳、为工，木匠用墨绳对木材进行加工，使之具备"直方"的形状。又因遁卦上乾为大，故曰"直方大"。
② 含章可贞：六三以上作阳爻，为天地否。否卦上为乾，乾为玉、为圆；下为坤，坤为文、为均。坤上行承乾，三至五互巽为入，文入玉中，均匀分布，故曰"含章"。又否卦二至四互艮为贞，故曰"含章可贞"。

【原文】《象》曰："含章可贞"，以时发也。"或从王事"，知①光大也。

【译白】《象传》说："含章可贞"，说的是要静待良机发挥才能。"或从王事"，指的是辅佐君王，显露广博的智慧。

【原文】六四，括囊②，无咎无誉。

【译白】六四，像扎紧袋口一样，不轻言也不妄动，这样既不会招致灾祸，也没有荣誉可言。

【原文】《象》曰："括囊，无咎"，慎不害也。

【译白】《象传》说："括囊，无咎"，只要小心谨慎行事，就不会有危害。

【原文】六五，黄裳③，元吉。

【译白】六五，穿黄色的衣服，最为吉祥。

---

① 知：通"智"，智慧，睿智。
② 括囊：扎紧袋子。括，结扎，捆绑。六四以上作阳爻，为风地观。下坤为布、为众，上巽为绳、为入，如以绳系布之象，故曰"括囊"。
③ 黄裳（cháng）：黄色的衣裙。六五以上作阳爻，为山地剥。剥卦下坤为布，上艮为手，如伸手穿衣之象。又六五居第五爻位，五为土、为黄，故曰"黄裳"。

【原文】《象》曰："黄裳，元吉"，文在中也。

【译白】《象传》说："黄裳，元吉"，是因为黄色代表中正，以中正之道为准则，自然是吉祥的。

【原文】上六，龙战于野①。其血玄黄。

【译白】上六，阴气发展到了极点，与阳气相战于原野，犹如龙在原野上交战，流出青黄相杂的血液。

【原文】《象》曰："龙战于野"，其道穷也。

【译白】《象传》说："龙战于野"，说明阴气已经发展到了尽头，六阴时之道穷尽了。

【原文】用六，利永贞。

【译白】用六，利于长久地保持贞正。

【原文】《象》曰：用六"永贞"，以大终也。

【译白】《象传》说：用六的"永贞"，说明阴盛至极以向阳转化为归宿。

---

① 龙战于野：乾卦上九之"亢龙"处于极位时，势必反转过来居坤卦初爻，而坤卦下坤为野，"龙"与"野"相触，故曰"龙战于野"。战，相触、相抵，解卦术语，阴遇阳为"战"。

䷂ 水雷屯

【原文】屯[1]：元，亨，利，贞。勿用有攸往。利建侯[2]。

【译白】屯卦象征初始：原始，亨通，和谐，贞正。此时不要急于发展，首先要封君建国。

【原文】《彖》曰：屯，刚柔始交而难生。动乎险中，大亨贞。雷雨之动满盈，天造草昧。宜建侯而不宁。

【译白】《彖传》说：屯卦象征刚与柔、阴与阳刚开始交合而产生的困难。"震"动于"坎"险之中，亨通而贞正。雷雨大作，充盈于天地间，天地催生草木，创造万物于冥昧之中。此时王者应分封诸侯治理天下而非守于安宁。

---

① 屯（zhūn）：卦名。
② 利建侯：屯卦初至五互大离为戈兵，上卦坎为盗，离入坎，如以兵伐盗寇之象。又因四是侯位，五是君位，君子伐盗有功，故曰"利建侯"。

【原文】《象》曰：云雷屯①，君子以经纶②。

【译白】《象传》说：屯卦象征雷雨在云下酝酿，君子观看此卦，应当奋发图强，有所作为。

【原文】初九，磐桓③，利居贞，利建侯。

【译白】初九，万事开头难，在事物成形初期往往困难很大，难免驻足不前。利于守持贞正之道，利于分封诸侯。

【原文】《象》曰：虽"磐桓"，志行正也。以贵下贱，大得民也。

【译白】《象传》说：君子虽然有所"磐桓"，但只要志向和德行纯正，放下自己高贵的身份，并对百姓谦卑恭敬，那也一样能大获民心。

---

① 云雷屯：屯卦上坎下震，坎为水，震为雷，水在雷上为云，故曰"云雷屯"。
② 经纶：治理。本意是经过整理的蚕丝，多比喻能人志士治理国家的才干和抱负。这里指治理国家。
③ 磐桓：磐，通"盘"。盘桓，即逗留、徘徊，这里指驻足不前。初九"潜龙勿用"，象征君子不宜轻言妄动，故曰"磐桓"。

【原文】六二，屯如邅如①，乘马班如②。匪寇婚媾③。女子贞不字④，十年⑤乃字。

【译白】六二，为难而团团转，骑马徘徊不前，他们不是盗贼，而是来求婚配的。女子贞静自守，不肯应许，直到十年后才结成姻缘。

【原文】《象》曰：六二之难，乘刚⑥也。"十年乃字"，反常也。

【译白】《象传》说：六二爻之所以出现艰难之象，是因为阴柔凌驾于阳刚之上。"十年乃字"，是非常反常的现象。

———————

① 邅（zhān）如：徘徊不前的样子。邅，转悠，难行不进。
② 班如：盘旋不进的样子。
③ 匪寇婚媾：匪，同"非"，不是。屯卦上坎为盗，又为中男，君子行至二爻位时，六二由阴爻变为阳爻，则二至五互大离为中女。此时离入坎，为中男中女结合之象。因此屯卦上坎不再作盗寇而解，而应理解为男女婚配，故曰"匪寇婚媾"。
④ 字：许嫁。旧时称女子许嫁为字，"待字闺中"即留在闺房中等待许嫁。
⑤ 十年：如将一爻作一年观，由六二数至九五，应当四年得子。但是"女子贞不字"，于是继续上数，上六之后反归初九，六年仍不字。再至九五，正是十年。
⑥ 乘刚：六二乘于初九之上，是阴爻乘阳爻，故曰"乘刚"。

【原文】六三，即鹿①无虞②，惟③入于林中。君子几④，不如舍。往吝⑤。

【译白】六三，没有虞官的引导就追逐鹿，结果深入茫茫的林中。君子与其继续追逐，不如暂时舍弃。如果继续前行，可能会非常艰难。

【原文】《象》曰："即鹿无虞"，以从禽也。君子舍之，往吝穷也。

【译白】《象传》说："即鹿无虞"，是因为追鹿之心过于迫切。君子应当及时醒悟，放弃追逐，否则必有祸事。

【原文】六四，乘马班如，求婚媾。往吉无不利。

【译白】六四，君子骑马徘徊，是为了前去求婚。继续前行是吉祥的，没有不利。

【原文】《象》曰：求而往，明也。

【译白】《象传》说：心中求而行动上也能前往，是明智

---

① 鹿：兽名。又通"麓"，指山坡与周围平地相连的部分。
② 虞：古时掌管山川林泽的官员。
③ 惟：表祈使，愿，希望。
④ 几（jī）：接近，求取。
⑤ 吝：艰难。

之举。

【原文】九五，屯其膏①。小贞吉，大贞凶。

【译白】九五，克服初创之艰难，将要广施恩泽于天下。柔弱者坚守正道可获吉祥，刚强者坚守正道可御凶患。

【原文】《象》曰："屯其膏"，施未光也。

【译白】《象传》说："屯其膏"，乐善好施的德行还没有显现出来。

【原文】上六，乘马班如，泣血涟如。

【译白】上六，骑马徘徊，泣血不止。

【原文】《象》曰："泣血涟如"，何可长也？

【译白】《象传》说：都已经"泣血涟如"了，这种状况怎么能够长久呢？

---

① 屯其膏：膏，膏油，引申为恩泽。九五为本卦主爻，观此爻应从整体入手。屯卦象征万事开头难，有克服初创的艰难之意。此指克服初创之艰难，将要广施恩泽于天下。

䷃山水蒙

【原文】蒙：亨。匪我求童蒙①，童蒙求我。初筮告，再三渎，渎则不告。利贞。

【译白】蒙卦象征启蒙：亨通。不是我有求于孩童，而是孩童有求于我。第一次占问，准确告知结果，如果一而再、再而三地重复占问，就等于亵渎了君子的回答，便不必再告知什么。利于坚守正道。

【原文】《象》曰：蒙，山下有险，险而止，蒙。蒙，"亨"，以亨行时中也。"匪我求童蒙，童蒙求我"，志应也。"初筮告"，以刚中也。"再三渎，渎则不告"，渎蒙也。蒙以养正，圣功也。

【译白】《彖传》说：蒙卦上艮下坎，即山下有危险的意思。遇到危险就止步，这就是蒙昧不明。蒙卦卦辞中所说的"亨"，指的是启蒙之道亨通，因为善于把握时机。"匪我求

---

① 童蒙：指年龄尚小、幼稚无知的儿童。蒙卦上艮为少男，即童蒙。

童蒙，童蒙求我"，是说双方的气志相投。"初筮告"，是因为下坎九二阳刚居中。"再三渎，渎则不告"，重复占问就是蒙昧无知，渎乱了启蒙的正常程序。启发蒙昧，颐养正道，就是圣人的功业。

【原文】《象》曰：山下出泉，蒙。君子以果行育德。

【译白】《象传》说：山下涌出泉水，这就是蒙卦之表象。君子观此卦象，应当行动果断，以培养良好的品德。

【原文】初六，发①蒙，利用刑②人，用说③桎梏④。以往吝。

【译白】初六，启发蒙昧，最好的措施是树立典型，以规范人们的言行，防止罪恶的事发生，这样便可以不兴狱而大治。如果一意孤行，急功近利，必然招致悔恨。

【原文】《象》曰："利用刑人"，以正法也。

【译白】《象传》说："利用刑人"，是为了确立正确的法度，以便人们遵循。

---

① 发：启发。马王堆帛书《周易》作"废"，指废除蒙昧的状态。
② 刑：通"型"，模型，典型。此处作动词用，指以典型、法式教人。
③ 说（tuō）：通"脱"，解脱，摘除。
④ 桎梏（zhì gù）：古时木制的刑具，用于足的叫"桎"，用于手的叫"梏"，类似于现在的脚镣、手铐。

【原文】九二，包蒙吉，纳妇吉，子克①家。

【译白】九二，被童蒙环绕是吉祥的，娶媳妇也是吉祥的，儿子将来能主持家事。

【原文】《象》曰："子克家"，刚柔接也。

【译白】《象传》说："子克家"，是柔爻接替刚爻的结果，原本蒙昧无知的孩童接受良好的教育长成大人后，能够独当一面。

【原文】六三，勿用取②女，见金夫，不有躬③，无攸利。

【译白】六三，不要迎娶这样的女子，她一见到美貌的男子，就忘记自身的礼节了，娶她没有什么好处。

【原文】《象》曰："勿用取女"，行不顺也。

【译白】《象传》说："勿用取女"，是因为她的行为不

---

① 克：胜任。
② 取：通"娶"，娶妻。
③ 见金夫，不有躬：蒙卦三至五互坤，伏乾为金，比喻"金夫"，指美男子。二至四互震为"躬"。二至上互大离为目，即"见"。有二至上互大离之"见"，便无二至四互震之"躬"，故曰"见金夫，不有躬"。

合乎礼仪，即没有受到良好的教育。

【原文】六四，困蒙①，吝。

【译白】六四，困于蒙昧，行道艰难。

【原文】《象》曰：“困蒙”之“吝”，独远实也。

【译白】《象传》说：“困蒙”的“吝”，是因为孤僻独处，而疏远了有真才实学的君子。

【原文】六五，童蒙，吉。

【译白】六五，蒙昧无知的孩童虚心向君子求教，这是很吉祥的。

【原文】《象》曰：“童蒙”之“吉”，顺以巽②也。

【译白】《象传》说：“童蒙”的“吉”，是因为谦卑恭敬地向君子求教。

【原文】上九，击蒙。不利为寇，利御寇。

---

① 困蒙：蒙卦下坎为水，为陷；上艮为山，为止。又上艮伏兑，上兑下坎，成“泽水困”卦，故曰“困蒙”。
② 巽：卑顺。

【译白】上九，启发蒙昧要及早下手，循循善诱。不要等问题暴露出来再进行教育，这样是不利的；而要在问题发生之前防患于未然，事先进行启蒙教育，这样才能达到良好的效果。

【原文】《象》曰："利用御寇"，上下顺也。

【译白】《象传》说："利用御寇"，只有这样，才能使君子和童蒙协调配合，上下一心都很顺利。

䷄水天需

【原文】需：有孚①，光亨，贞吉。利涉大川。

【译白】需卦象征等待：具备诚实守信的品质，光明亨通，占问结果吉祥。有利于外出远行，渡过宽广的河流。

【原文】《彖》曰：需，须②也。险在前也，刚健而不陷，其义不困穷矣。"需：有孚，光亨，贞吉"，位乎天位③，以正中④也。"利涉大川"，往有功也。

【译白】《彖传》说：需，就是等待的意思。需卦上坎下乾，有危险在前，还能保持刚健而不陷落，等待适宜的时机再前行，那么就不会沦落到艰难的困境之中。"需：有孚，光亨，贞吉"，是因为卦象如日中天。"利涉大川"，勇往直前必定获得成功。

---

① 孚：信誉。
② 须：等待。
③ 位乎天位：需卦下乾为天，三至五互离为日，互离之日占据下乾上爻，如日在天上，故曰"位乎天位"。
④ 正中：需卦三至五互离为正南，如日处正南，故曰"正中"。

【原文】《象》曰：云上于天，需。君子以饮食宴乐。

【译白】《象传》说：需卦上坎下乾，水在天上为云，这就是需卦的象征。君子观此卦象，应当饮食作乐，意即在等待时积蓄力量。

【原文】初九，需于郊①，利用恒，无咎。

【译白】初九，在郊外等候。一定要有恒心，这样就没有什么危害。

【原文】《象》曰："需于郊"，不犯难行②也。"利用恒，无咎"，未失常也。

【译白】《象传》说："需于郊"，意思是不要轻率地冒险前行。"利用恒，无咎"，即没有偏离天地恒常之正道。

【原文】九二，需于沙③，小有言，终吉。

【译白】九二，在河边的沙地上等候，难免要受到别人的

---

① 需于郊：需卦下乾伏坤为地，初九远离上坎之"大川"，地之远处即位"郊"，故曰"需于郊"。

② 不犯难行：若初九动，由阳爻变为阴爻，则初至四互大坎为陷，是"犯难行"。"需于郊"，初九不动，故曰"不犯难行"。

③ 需于沙：君子行至九二位，二至四互兑，兑伏艮为小石，即沙，故曰"需于沙"。

些微议论，最终的结果仍是吉祥的。

【原文】《象》曰："需于沙"，衍①在中也。虽"有小言"，以终吉也。

【译白】《象传》说："需于沙"，表明宽宏大量不急躁。即使略微受到一些议论，结果也还是吉祥的。

【原文】九三，需于泥。致寇至②。

【译白】九三，在泥泞中等候，结果招来了贼寇的抢劫。

【原文】《象》曰："需于泥"，灾在外也。自我"致寇"，敬慎不败也。

【译白】《象传》说："需于泥"，灾祸是从外面来的。因自己而"致寇"，说明要处处谨慎小心才能避开危险。

【原文】六四，需于血，出自穴。

【译白】六四，在血泊中等候，不小心坠入洞穴，自己拼尽全力才逃出来。

---

① 衍：宽绰。
② 致寇至：需卦九三为下乾之终，继续上行将入上坎，而上坎为险，为寇，故曰"致寇至"。

【原文】《象》曰："需于血"，顺以听也。

【译白】《象传》说："需于血"，此时必须冷静顺从，听候天意，以等待转机。

【原文】九五，需于酒食①，贞吉。

【译白】九五，主人准备好酒水食物等待客人，占问的结果是吉祥的。

【原文】《象》曰："酒食，贞吉"，以中正也。

【译白】《象传》说："酒食，贞吉"，是因为九五处于中正的位置，象征君子守持中正之道。

【原文】上六，入于穴，有不速之客三人来②，敬之终吉。

【译白】上六，进入洞穴之中，有三名不怀好意的客人不请自来。恭敬地接待他们，能得到吉祥的结果。

---

① 需于酒食：需卦九五为上坎主爻，坎为水，为豕，表示酒水、猪肉。又三至五互离为雉，表示野味，故曰"需于酒食"。
② 有不速之客三人来：需卦下乾为主人，上坎为寇，一爻当一人，三名贼寇朝主人而来，故曰"有不速之客三人来"。

【原文】《象》曰："不速之客"来，"敬之终吉"，虽不当位，未大失也。

【译白】《象传》说："不速之客"到来，"敬之终吉"，表明尽管没有处在合适的位置上，但也不至于遭受大的损失。

䷅天水讼

【原文】讼：有孚窒惕，中吉，终凶。利见大人，不利涉大川。

【译白】讼卦象征诉讼：是信誉被损害，心中有所警戒造成的，虽然中间的过程比较吉祥，但是最后的结果却很糟糕。这时利于拜见贵人，不利于渡大河。

【原文】《彖》曰：讼，上刚下险。险而健，讼。"讼：有孚窒惕，中吉"，刚来而得中也。"终凶"，讼不可成也。"利见大人"，尚中正也。"不利涉大川"，入于渊①也。

【译白】《彖传》说：讼卦下坎为险，上乾为健，遭遇险境而刚健有力，这就是讼卦的象征。"讼：有孚窒惕，中吉"，是因为九二这一刚爻占据主爻的位置；"终凶"，是因为争讼不可过于强横，否则难以成功。"利见大人"，是因为争讼崇尚中正。"不利涉大川"，是因为强行渡河有陷入深渊

---

① 入于渊：讼卦三至五互巽为入，下坎为渊，故曰"入于渊"。

的危险。

【原文】《象》曰：天与水违行^①，讼。君子以作事谋始。

【译白】《象传》说：天与水背道而驰，犹如人因意见相左而争讼，这就是讼卦的象征。君子观此卦象，应当在开始做事之前就深谋远虑，制订周密的计划，避免不必要的争端。

【原文】初六，不永所事，小有言，终吉。

【译白】初六，不必长久纠结争讼之事，即使受到一点非议，结果也是吉祥的。

【原文】《象》曰："不永所事"，讼不可长也。虽"小有言"，其辩明也。

【译白】《象传》说："不永所事"，与人争讼不能互不相让，一直僵持下去。虽然"小有言"，但是通过事实讲道理，还是可以辩解清楚的。

---

① 天与水违行：讼卦的卦象是下坎上乾，坎之地水向下流，乾之天阳之气向上升，二者背道而驰，故曰"天与水违行"。

【原文】九二，不克①讼，归而逋②，其邑人三百户③，无眚④。

【译白】九二，争讼不能得胜，回来赶紧逃跑，逃到只有三百户人家的小城中，就可以避免灾祸。

【原文】《象》曰："不克讼"，归逋窜⑤也。自下讼上，患至掇⑥也。

【译白】《象传》说："不克讼"，见势不妙赶紧逃窜了。地位低下的状告地位高贵的，必然会有灾祸。原告在祸患到来前逃窜，祸患就断绝了。

【原文】六三，食⑦旧德，贞厉，终吉。或从王事，无成。

【译白】六三，安享原有的家业，占问的结果为凶险，但最终会是吉祥的。如果辅佐君王建功立业，则不要把成就归于

---

① 克：战胜，制胜。

② 逋（bū）：逃跑。

③ 邑人三百户：九二动，阳爻变阴爻，下坎变为坤，为城邑。一爻作一百户，故曰"邑人三百户"。

④ 眚（shěng）：灾祸。

⑤ 窜：逃窜，逃亡。

⑥ 掇（duō）：停止，中断。吴汝纶《易说》："掇，借为'辍'。辍，止也。患至而止，仍释'不克'而'逋'之意。"

⑦ 食：享受。

自己。

【原文】《象》曰："食旧德"，从上吉也。

【译白】《象传》说："食旧德"，说明只要顺从上天的安排，就可以获得吉祥的结果。

【原文】九四，不克讼，复即命渝[1]，安贞吉。

【译白】九四，争讼不能得胜，则立即撤回，改变主意，安守正道，结果必然吉祥。

【原文】《象》曰："复即命渝"，安贞不失也。

【译白】《象传》说："复即命渝"，说明安守正道不会有什么损失。

【原文】九五，讼，元吉。

【译白】九五，争讼之事得到解决，大吉。

【原文】《象》曰："讼，元吉"，以中正也。

【译白】《象传》说："讼，元吉"，是因为九五居上乾

———————————

[1] 渝：改变。

中正之位。

【原文】上九，或锡①之鞶带②，终朝③三褫④之。

【译白】上九，争讼获胜的一方，可能受到丰厚的赏赐，但是在一天之内会被多次剥夺。

【原文】《象》曰：以讼受服，亦不足敬也。

【译白】《象传》说：因为争讼而得到的赏赐，即使再高贵也不值得被人敬重。

---

① 锡，通"赐"，赏赐，恩赐。
② 鞶（pán）带：皮制的大带，为古代官员的服饰。此处用朝中之服饰比喻高官厚禄。
③ 终朝（zhāo）：一整天。
④ 褫（chǐ）：剥夺。

䷆ 地水师

【原文】师：贞，丈人①吉，无咎。

【译白】师卦象征军队：坚守正道，由德高望重、富有经验的长者统领军队则吉祥，没有灾祸。

【原文】《彖》曰："师"，众也；"贞"，正也。能以众正，可以王②矣。刚中而应③，行险而顺，以此毒④天下，而民从之，吉又何咎矣！

【译白】《彖传》说："师"象征统领万众；"贞"就是要坚守正道、正义。能将万众导入正途，便可以称王统治天下了。刚健中正，上下相应，遇到危险能够顺利解决，这样来治理天下，万众服从，必然是吉祥的，哪里还会有什么灾祸呢？

---

① 丈人：古时对老者的尊称，这里指军队中有经验的老者。

② 王（wàng）：称王，统治天下。

③ 刚中而应：应，上下两卦同位之爻阴阳相对。九二为下卦居中之阳爻，与上卦居中之阴爻六五相互对应，故曰"刚中而应"。

④ 毒（dū）：通"督"，治理。

【原文】《象》曰：地中有水，师。君子以容民畜众。

【译白】《象传》说：师卦的卦象是下坎上坤，地中藏水，取之不尽，用之不竭，象征兵源充足。君子观此卦象，应当包容天下百姓，畜养军中部众。

【原文】初六，师出以律，否臧凶。

【译白】初六，军队出征前必须严明纪律，否则将会有凶险。

【原文】《象》曰："师出以律"，失律凶也。

【译白】《象传》说："师出以律"，军纪不正必然发生祸事。

【原文】九二，在师，中吉，无咎。王三锡命。

【译白】九二，在军队中担任统帅，保持中正的治军之道可获吉祥，没有灾祸。君王多次下令加以封赏，并委以重任。

【原文】《象》曰："在师，中吉"，承天宠也。"王三锡命"，怀万邦也。

【译白】《象传》说："在师，中吉"，是蒙受天子的宠幸。"王三锡命"，是君王心怀天下万邦。

【原文】六三，师或舆尸^①，凶。

【译白】六三，战场上不时有车子运送士兵的尸体，凶险。

【原文】《象》曰："师或舆尸"，大无功也。

【译白】《象传》说："师或舆尸"，意思是自大地贸然进攻，结果战败。

【原文】六四，师左次^②，无咎。

【译白】六四，军队暂时撤退扎营，没有灾祸。

【原文】《象》曰："左次，无咎"，未失常也。

【译白】《象传》说："左次，无咎"，没有偏离行军作战的常道。

【原文】六五，田有禽，利执言，无咎。长子^③帅师，弟

---

① 师或舆尸：舆，古时的车。师卦六三变，由阴转阳，地水师变为地风升。上坤为大舆，初至四互坎（中爻重复之坎）为多眚之舆，二至四互兑为折毁，皆凶相。又互坎与互兑入上坤之大舆，如车载士兵尸体之象，故曰"师或舆尸"。
② 左次：次，驻扎，停留。古人尚右，以右为进，以左为退。故"左次"指撤退扎营。
③ 长子：此指军中德高望重的长者。

子①舆尸，贞凶。

【译白】六五，田中有禽兽，利于捕获，必无咎害。派德高望重的长者统领军队，则战无不胜；委派无德的小人，必将载尸败归，应坚守正道以防凶险。

【原文】《象》曰："长子帅师"，以中行也。"弟子舆尸"，使不当也。

【译白】《象传》说："长子帅师"，是说君子行事中正，必然获胜。"弟子舆尸"，是说用人不当必然招致大败。

【原文】上六，大君有命，开国承家②，小人勿用。

【译白】上六，君王颁布诏命，分封诸侯建立邦国，或封赏士大夫继承封邑，但是坚决不能重用小人。

【原文】《象》曰："大君有命"，以正功也。"小人勿用"，必乱邦也。

【译白】《象传》说："大君有命"，要论功行赏。"小人勿用"，是因为重用小人必然祸乱邦国。

---

① 弟子：此指军中无德的小人。
② 开国承家：国，诸侯国。家，士大夫的封邑。此指建立邦国，继承封邑。

䷇水地比

【原文】比：吉。原筮①，元永贞，无咎。不宁②方来，后夫③凶。

【译白】比卦象征亲近：吉祥。卜筮其卦象，则知元统大业利于坚守正道，没有灾祸。不安宁的四方之国均来归附，后来者有凶险。

【原文】《彖》曰：比，吉也。比，辅也，下顺从也。"原筮，元永贞，无咎"，以刚中也。"不宁方来"，上下应也。"后夫凶"，其道穷也。

【译白】《彖传》说：比卦，吉祥。比，就是辅佐的意思，天下顺从。"原筮，元永贞，无咎"，是因为九五居上卦中位，刚健中正。"不宁方来"，是因为九五与六二相应。"后夫凶"，是因为比卦之道已经走到了尽头。

---

① 原筮："筮"字从竹、从巫，意为用著草进行占卜。比卦三至五互艮为少男、为手，伏兑为巫，覆震为竹，隐有巫师占卜之象。
② 不宁：比卦上坎为险，为盗，喻不宁。
③ 后夫：后来人。

【原文】《象》曰：地上有水，比。先王以建万国，亲诸侯。

【译白】《象传》说：比卦的卦象为下坤上坎，象征地上有水。大地之上百川争流，同时流水又滋润着大地，地、水之间亲密无间，互相依存，犹如王、侯相辅相成。先代的君王因此分封土地，建立万国，亲近四方诸侯。

【原文】初六，有孚比之，无咎。有孚盈缶，终来有它，吉。

【译白】初六，具备诚信的品德，亲密团结，辅佐君王，没有灾祸。具备诚信的品德，就像美酒灌满了陶罐，最终会吸引来许多其他志同道合的人，非常吉祥。

【原文】《象》曰：比之初六，有它吉也。

【译白】《象传》说：比卦的初六，表示自己具备诚信的品德，可以使其他人主动前来归附，结果自然吉祥。

【原文】六二，比之自内①，贞吉。

---

① 比之自内：六二居内卦下坤之中位，且与上坎九五相应，故曰"比之自内"。

【译白】六二，在内部团结力量，一同辅佐君王，占问的结果是吉祥。

【原文】《象》曰："比之自内"，不自失也。

【译白】《象传》说："比之自内"，说明自己没有偏离正道。

【原文】六三，比之匪人^①。

【译白】六三，亲近、归附于行为不正当的人。

【原文】《象》曰："比之匪人"，不亦伤乎！

【译白】《象传》说："比之匪人"，难道不是一件很可悲的事吗？

【原文】六四，外比之，贞吉。

【译白】六四，对外交往亲密团结，占问的结果是吉祥的。

---

① 比之匪人：匪，通"非"，指行为不正当的人。六三居内卦最上之位，继续上行将至外卦上坎，坎为盗，故曰"比之匪人"。

【原文】《象》曰：外比于贤^①，以从上也。

【译白】《象传》说：亲近其他贤臣，一同辅佐明君，是顺从君王的意思。

【原文】九五，显比。王用三驱^②，失前禽；邑人不诫^③，吉。

【译白】九五，光明正大地与人交往。君王狩猎，特意网开一面，从三面驱赶猎物，任由猎物从面前逃走。而其他的部下也不戒备，吉祥。

【原文】《象》曰："显比"之吉，位正中也。舍逆取顺，"失前禽"也。"邑人不诫"，上使中也。

【译白】《象传》说："显比"的吉祥，是因为九五处于中正的位置，即君王谨守正道。狩猎网开一面，拒绝逆天行事，而顺应上天好生之德，所以"失前禽"。"邑人不诫"，也是君王谨守正道的缘故。

---

① 外比于贤：九五为上坎中正爻位，象征君王；其他皆为阴爻，象征辅佐君王之贤臣。六四与其他贤臣一起辅佐君王，故曰"外比于贤"。

② 三驱：古时王者的狩猎之制。从左、右、后三面追捕猎物，特意网开一面，以示好生之德。

③ 诫：警惕，戒备。

【原文】上六，比之无首①，凶。

【译白】上六，亲近、归附时不能领先、居首，境况凶险。

【原文】《象》曰："比之无首"，无所终也。

【译白】《象传》说："比之无首"，说明最终没有可以归附的地方。

---

① 比之无首：首，始也，首先。无首，即后于"比"。比卦上六为最上之阴爻，而下面的众阴爻皆亲近于九五，上六既得不到其余阴爻的亲近，又不肯向下亲近九五，因而孤立，故曰"比之无首"。

䷈风天小畜

【原文】小畜①：亨。密云不雨，自我西郊。

【译白】小畜卦象征小有积蓄：亨通。天空乌云密布，但还没有下雨，乌云是从西边飘过来的。

【原文】《彖》曰：小畜，柔得位而上下应之，曰"小畜"。健而巽，刚中而志行，乃亨。"密云不雨"，尚②往也。"自我西郊"，施未行也。

【译白】《彖传》说：小畜卦六四阴爻与上下两阳爻呼应，称为"小有积蓄"。刚健而温顺，胸中刚健，行事温顺，所以亨通。"密云不雨"，是因为云气还处于上升的状态。"自我西郊"，是上天施云布雨的动作还没有完成。

【原文】《象》曰：风行天上③，小畜。君子以懿④

---

① 畜（xù）：积蓄。
② 尚：通"上"，向上。
③ 风行天上：小畜卦下乾上巽，乾为天，巽为风，故曰"风行天上"。
④ 懿：美，善，指德行美好。

文德。

【译白】《象传》说：小畜卦的卦象是下乾上巽，为风行天上、积云蓄雨之象，所以称为"小畜"。君子观此卦象，应当修美文章、道德，以待时机到来。

【原文】初九，复自道，何其咎？吉。

【译白】初九，回归自己本来的道路，还会有什么灾祸呢？吉祥。

【原文】《象》曰："复自道"，其义吉也。

【译白】《象传》说："复自道"，是说行动合乎正道，意义吉祥。

【原文】九二，牵复，吉。

【译白】九二，牵动阳气回归本位，吉祥。

【原文】《象》曰："牵复"在中，亦不自失也。

【译白】《象传》说："牵复"在下乾中位，表明自己没有失去刚健的德行。

【原文】九三，舆说①辐，夫妻反目。

【译白】九三，车轮损坏，辐条脱落，犹如夫妻吵架，和谐的关系发生破裂。

【原文】《象》曰："夫妻反目"，不能正②室也。

【译白】《象传》说："夫妻反目"，说明不能很好地治理家室。

【原文】六四，有孚，血去惕出，无咎。

【译白】六四，具备诚信的品德，互相信任，放下警惕、戒备的心理，就不会有灾祸。

【原文】《象》曰："有孚""惕出"，上合志也。

【译白】《象传》说："有孚""惕出"，这样符合上位者的意愿。

【原文】九五，有孚挛如③，富以其邻。

【译白】九五，具备诚信的品德，与别人紧密联系，自己

---

① 说（tuō）：通"脱"，脱落。
② 正：治理。
③ 挛（luán）如：连在一起的样子。

致富，也要帮助邻人一同致富。

【原文】《象》曰："有孚挛如"，不独富①也。

【译白】《象传》说："有孚挛如"，是说要与别人共同富裕，而不是自己独享富贵。

【原文】上九，既雨既处②，尚德载。妇贞厉，月几望③，君子征凶。

【译白】上九，雨水已经降下来，阳气的上升已经停止。高尚的功德已经圆满。这时妇女要坚守贞正之道，以防范危险。就像月圆之后，马上就要迎来亏损，君子如果继续前行，将有祸患。

【原文】《象》曰："既雨既处"，德积载也。"君子征凶"，有所疑也。

【译白】《象传》说："既雨既处"，是说积蓄的德行已经圆满，阳德将要向阴气转化。"君子征凶"，是说阴气开始聚集，未来状况不明，难免会发生危险。

---

① 不独富：小畜卦下乾为父，上巽为长女，三至五互离为中女，二至四互兑为少女，三女皆得乾父之财，故曰"不独富"。
② 处（chǔ）：中止，停止。
③ 望：月圆之日。古人称月圆为望（每月十五或十六），月隐为朔（每月初一或三十）。

䷉天泽履

【原文】履：履虎尾，不咥^①人，亨。

【译白】履卦象征小心行动：小心翼翼地跟在老虎的尾巴后面走路，老虎没有回头咬人，亨通顺利。

【原文】《彖》曰：履，柔履刚也。说^②而应乎乾，是以"履虎尾，不咥人，亨"。刚中正，履帝位而不疚，光明也。

【译白】《彖传》说：履卦下兑上乾，卦象为阴柔依附阳刚。下兑喜悦，且兑之六三与乾之上九相应，因此"履虎尾，不咥人，亨"。九五阳爻刚健中正，端坐九五之尊的位置，履行帝王之职而没有灾害，显示出帝王光明的道德。

【原文】《象》曰：上天下泽，履。君子以辩^③上下，定民志。

---

① 咥（dié）：咬，吃。
② 说（yuè）：同"悦"，喜悦。履卦下兑为悦。
③ 辩：通"辨"，辨别，分辨。

【译白】《象传》说：履卦的卦象是上天下泽，犹如走在沼泽地上，一不小心就会陷下去，因此称为"履"。君子观此卦象，应当深明大义，认真分辨尊卑贵贱，坚定民众的意志。

【原文】初九，素履①，往无咎。

【译白】初九，质朴、率真地前行，走到什么地方都不会有灾祸。

【原文】《象》曰："素履"之往，独行愿②也。

【译白】《象传》说："素履"前行，表明要遵从自己的本心，守持质朴、恭谦的正道。

【原文】九二，履道坦坦，幽人③贞吉。

【译白】九二，小心翼翼地走在平坦宽阔的大道上，隐士安于闲适恬淡的生活，结果是吉祥的。

【原文】《象》曰："幽人贞吉"，中不自乱也。

---

① 素履：质朴、率真地前行。素为白色，为质朴。又履卦三至五互巽为白，故曰"素履"。
② 愿：遵从自己的本心。
③ 幽人：隐士，幽居的人。

【译白】《象传》说："幽人贞吉"，是因为内心平静，丝毫不淆乱自我。

【原文】六三，眇①能视，跛②能履。履虎尾，咥人，凶。武人为于大君③。

【译白】六三，一只眼睛瞎了，另一只眼还能勉强看见；一条腿瘸了，另一条腿还能勉强走路。这样跟在老虎的尾巴后面走路，很容易不小心踩到老虎的尾巴，被老虎回头咬到，十分凶险。勇敢的武士要尽力辅佐君王。

【原文】《象》曰："眇能视"，不足以有明也；"跛能履"，不足以与行也；"咥人"之凶，位不当也。"武人为于大君"，志刚也。

【译白】《象传》说："眇能视"，但看得并不是很清楚；"跛能履"，但走得并不是很稳当。"咥人"的凶险，是所处位置不当造成的。"武人为于大君"，表明武士的意志刚强。

【原文】九四，履虎尾，愬愬，终吉。

---

① 眇（miǎo）：一只眼是盲的。
② 跛（bǒ）：一条腿是瘸的。
③ 武人为于大君：为（wèi），帮助，辅佐。履卦二至四互离为戈兵，喻指"武人"，其上九五为君，故曰"武人为于大君"。

【译白】九四，小心翼翼地跟在老虎的尾巴后面走路，虽然感到恐惧害怕，但只要保持谨慎，最终有惊无险，结果吉祥。

【原文】《象》曰："愬愬，终吉"，志行也。

【译白】《象传》说："愬愬，终吉"，是因为谨慎践行自己的志愿，最终得以实现。

【原文】九五，夬①履，贞厉。

【译白】九五，坚决果敢地践行，要坚守正道以防危险。

【原文】《象》曰："夬履，贞厉"，位正当也②。

【译白】《象传》说："夬履，贞厉"，九五正处于上乾中正之位，但一点儿也不能疏忽大意。

【原文】上九，视履考详，其旋元吉。

【译白】上九，回头审视自己走过的道路，仔细考察吉凶祸福，转身来顺应阴柔自然之道，这样就是非常吉祥的。

---

① 夬（guài）：坚决，决断。
② "夬履，贞厉"，位正当也：程颐《周易程氏传》曰："居至尊之位，据能专之势，而自任刚决，不复畏惧，虽使得正，亦危道也。"

【原文】《象》曰："元吉"在上，大有庆也。

【译白】《象传》说：极为吉祥，高居尊上之位，说明有大的福分值得庆祝。

䷊地天泰

【原文】泰：小往大来①，吉亨。

【译白】泰卦象征通达：阴气下降，阳气上升，阴阳交会，吉祥亨通。

【原文】《彖》曰："泰，小往大来，吉亨"，则是天地交而万物通也，上下交而其志同②也。内阳而外阴，内健而外顺，内君子而外小人③，君子道长，小人道消也。

【译白】《彖传》说："泰，小往大来，吉亨"，是说天（阳）、地（阴）二气交合，使万物通达；君臣志气相合，使上下一派祥和。内部阳刚而外部阴柔；内中刚健而外表柔顺；君子来而处内，小人往而处外，君子之道渐长，小人之道

---

① 小往大来：小，指阴；大，指阳。往之于外曰"往"；来居于内曰"来"。此时阳气在下，将要上升，阴气在上，将要下降。

② 上下交而其志同：阴阳以人事言之，阳为君，阴为臣，则"小往大来"又可理解为"君推诚以任下，臣尽诚以事君，上下之志通，朝廷之泰也"。

③ 内君子而外小人："小大""阴阳"可喻指小人与君子，则"小往大来"可理解为"君子来而处内，小人往而处外"。

渐消。

【原文】《象》曰：天地交，泰。后①以财成②天地之道，辅相天地之宜，以左右③民。

【译白】《象传》说：天（阳）、地（阴）二气相交，就是泰卦的象征。此时帝王要把握好时机，裁定执政规范，顺应天地交合之道，促成天地化生万物之机宜，以护佑天下百姓，使人民安居乐业。

【原文】初九，拔茅茹④，以其汇。征吉。

【译白】初九，拔起一棵茅草，却因为茅草根互相牵连在一起而拔起一丛茅草。人以群分，物以类聚，君子志同道合，此时前行就会吉祥。

【原文】《象》曰："拔茅""征吉"，志在外也。

【译白】《象传》说："拔茅"与"征吉"，是因为君子有在外建功立业的远大志向。

---

① 后：古时称君王为"后"。
② 财成：裁定，制成。财，通"裁"。
③ 左右：通"佐佑"，辅佐，护佑。
④ 茹：植物地下部分的根或根状茎。

【原文】九二，包荒①，用冯河②，不遐遗③。朋亡④，得尚于中行。

【译白】九二，胸怀宽广，包含荒秽；刚勇果决，济深越险；礼贤下士，毫不怠慢；断绝朋党，正义无私。具备这四种高尚的德行，才能合于九二中正之道，辅佐公正有德的君王。

【原文】《象》曰："包荒""得尚于中行"，以光大也。

【译白】《象传》说："包荒""得尚于中行"，是说道德高尚，光明正大。

【原文】九三，无平不陂，无往不复⑤。艰贞无咎，勿恤其孚，于食有福。

① 包荒：包含荒秽，形容度量宽宏。
② 冯（píng）河：无舟渡河，因而徒步涉水。此处喻指敢于以身犯险。程颐《周易程氏传》曰："泰宁之世，人情习于久安。安于守常，惰于因循，惮于更变，非有冯河之勇，不能有为于斯时也。冯河，谓其刚果足以济深越险也。"
③ 遐遗：疏远，遗弃。
④ 朋亡：不结党营私。
⑤ 无平不陂（bēi），无往不复：陂，山坡，斜坡。没有平坦就没有起伏，没有去往就没有归来。喻指再顺利的事都会有小的起伏，万事都是在曲折中前进的。泰卦上坤为平地，九三与上六相应，互变而上卦由坤变为艮，艮为山，故曰"无平不陂"；又下乾阳气上升，上坤阴气下降，地天泰将成天地否，为天地已交、阴阳分离之象，大道盛极而衰，阴阳互相转化，故曰"无往不复"。

【译白】九三，没有绝对平坦而不经历一点起伏的，没有踌躇满志地去往而不再归来的。天地万物福祸相倚，在世事无常的变化中谨守贞正的恒常之道，就不会有所祸患；不必过于忧虑，害怕不能取信于人，安心享用自己的衣食俸禄就有很大的福分。

【原文】《象》曰："无往不复"，天地际也。

【译白】《象传》说："无往不复"，阴阳不断交融、变化，说明此时正处于天地之气交合之际。

【原文】六四，翩翩①，不富以其邻②，不戒③以孚。

【译白】六四，像飞鸟一样翩翩飞下，君子不求于利而志同道合，聚在一起协同前进。不必费心告诫，因为大家诚意相合。

【原文】《象》曰："翩翩，不富"，皆失实也。"不戒以孚"，中心愿也。

---

① 翩翩：轻快飞行的样子。
② 不富以其邻：形容君子不求于利，而同于志，因而互相亲近、追随。程颐《周易程氏传》曰："夫人富，而其类从者，为利也。不富而从者，其志同也。"泰卦上坤三阴爻皆欲下行，是虚怀若谷、志同道合，故曰"不富以其邻"。
③ 戒：通"诫"，告诫。

【译白】《象传》说："翩翩，不富"，是说放下致富之念。"不戒以孚"，因为这是大家内心共同的意愿。

【原文】六五，帝乙归妹①，以祉②元吉。

【译白】六五，商王帝乙将自己的女儿远嫁周国，以祈求上天护佑，使福祉降临。

【原文】《象》曰："以祉元吉"，中以行愿也。

【译白】《象传》说："以祉元吉"，是因为合乎中正之道，光明正大地践行自己的志愿。

【原文】上六，城复于隍③。勿用师，自邑④告命。贞吝。

---

① 帝乙归妹：帝乙，商纣王之父。归，女子出嫁。妹，指少女，非姐妹之意，此指帝乙的女儿。帝乙杀姬昌之父季历，商、周关系恶化。其后诸多边境部落叛乱，帝乙恐腹背受敌，欲与周重修于好，故而采取联姻政策，嫁女于周。在泰卦的卦象中，六五为此卦主爻，二至五互四爻归妹，三至五互震，"帝出乎震"，二至四互兑为少女，上坤为舍，喻指王宫。帝王嫁少女出宫，故曰"帝乙归妹"。

② 祉：福祉，此为祈求福祉。

③ 城复于隍：复，通"覆"，倾覆。隍，护城河。城墙倒塌在城外的护城河里。程颐《周易程氏传》曰："掘隍土积累以成城，如治道积累以成泰。及泰之终，将反于否，如城土颓圮，复反于隍也。"

④ 邑：所居的城镇，指亲近之人。

【译白】上六，城墙倒塌到城外的护城河里。此时不宜出征用兵，应减少烦琐的政令，只差遣自己身边的人。占问结果是有危险。

【原文】《象》曰："城复于隍"，其命乱也。

【译白】《象传》说："城复于隍"，说明此时政令不通，形势正在向混乱的方向发展（地天泰将转换成天地否）。

䷋天地否

【原文】否①：否之匪人②，不利君子贞，大往小来③。

【译白】否卦象征闭塞：天地之气闭塞不通，则人道有失，不利于君子守持正道，有凶险。天地之间的阳气已经离散，阴气正在凝聚。

【原文】《彖》曰："否之匪人，不利君子贞，大往小来"，则是天地不交而万物不通也，上下不交而天下无邦也。内阴而外阳，内柔而外刚，内小人而外君子，小人道长，君子道消也。

【译白】《彖传》说："否之匪人，不利君子贞，大往小来"，是说天（阳）、地（阴）二气不交，万物闭塞，君臣志气相悖，天下邦国失序。内部阴柔而外部阳刚，内中柔顺而外

---

① 否（pǐ）：卦名。意谓闭塞不通。
② 匪人：不人道。天地交而生万物，天地之间为人道；天地不交则无人道。
③ 大往小来：与泰卦"小往大来"相对，阳气已经上升到顶端，而要继续上升；阴气下降到底端，而要继续下降。意指事物由盛转衰，逐渐衰落的过程。

表刚健。君子往而处外，小人来而处内，小人之道渐长，君子之道渐消。

【原文】《象》曰：天地不交，"否"。君子以俭德辟^①难，不可荣以禄。

【译白】《象传》说：上乾为天，本在上；下坤为地，本在下。天地不相交合，阴阳闭塞不通，所以称之为"否"。君子观此卦象，应当修养勤俭之德以避免祸患，不可急功近利，专以高官厚禄为荣。

【原文】初六，拔茅茹，以其汇。贞吉，亨。

【译白】初六，拔起一棵茅草，却因茅草根互相牵连在一起而拔起一丛茅草。人以群分，物以类聚，君子志同道合，占问的结果是吉祥、亨通。

【原文】《象》曰："拔茅""贞吉"，志在君也。

【译白】《象传》说："拔茅""贞吉"，是因为志向在于为君王建功立业，对君王忠心耿耿。

---

① 辟（bì）：通"避"，避免。

【原文】六二，包承①，小人吉；大人否②，亨。

【译白】六二，对上阿谀奉承，小人因此得利，吉祥；而君子以否卦之道自守，拒绝行小人阿谀奉承之事，亨通。

【原文】《象》曰："大人否，亨"，不乱群也。

【译白】《象传》说："大人否，亨"，是因为君子不能为小人之道所乱。

【原文】六三，包羞③。

【译白】六三，被包容而行小人之道，终致羞辱。

【原文】《象》曰："包羞"，位不当也。

【译白】《象传》说："包羞"，是因为所处的位置不当。

---

① 包承：包，包容，二、五相应，即二为五所包容。承，顺承，六二顺承于九五。以柔顺之道包容于九五，故顺承之。
② 大人否：大人，指君子。否，指以否卦之道自守。君子以否卦之道自守，拒绝行小人阿谀奉承之事。
③ 包羞：所谋尽是羞耻之事。六三虽为阴爻，本应处下，但亲近九四阳爻，指不能安守己道，穷斯滥矣。此为小人之事，可耻，故曰"包羞"。

【原文】九四，有命无咎，畴离祉①。

【译白】九四，奉行君王的命令，没有灾祸，大家都可以获得自己的利益。

【原文】《象》曰："有命无咎"，志行也。

【译白】《象传》说："有命无咎"，说明要实现扶危济困、替天行道的志向。

【原文】九五，休否②，大人吉。其亡③其亡，系于苞桑④。

【译白】九五，时世闭塞不通的局面将要停止，德高望重的君子可以获得吉祥。此时仍当居安思危，常常用"不久将要灭亡，不久将要灭亡"的话来告诫自己，这样才能使邦国稳定，百姓安居乐业。

【原文】《象》曰："大人"之吉，位正当也。

---

① 畴离祉：畴，通"俦"，同类。离，附着，依附。祉，福祉。指下坤三阴爻（喻指小人之类）依靠九四爻，即亲近九五之尊而获福。九四为亲近九五之臣，当辅佐九五之君，以济否卦之道，然九四亦亲近下坤众小人，帮助小人亲近君王而谋私利，故曰"畴离祉"。

② 休否：休，停止，中止。逆转否卦之道，使之转而为"泰"。

③ 其亡：九五之尊虽能"休否"，但此时仍处于否道之中，仍有国之将亡的忧患，故需有所警戒。

④ 系于苞桑：苞桑，根系虬结的桑树，比喻牢固的根基。形容邦国稳定。

【译白】《象传》说:"大人"的吉祥,是因为所处的位置正当。

【原文】上九,倾否,先否后喜。

【译白】上九,否道即将倾覆,起初闭塞不通,后来顺畅通达,大家皆为此感到欢喜。

【原文】《象》曰:否终则倾,何可长也?

【译白】《象传》说:闭塞到了极点必然发生逆转,就是所谓的物极必反、否极泰来,一种局面怎么可能长久不变呢?

䷌天火同人

【原文】同人：同人于野^①，亨，利涉大川，利君子贞。

【译白】同人卦象征天下人和谐相处：和别人亲密地行走在广阔的原野上，亨通，利于渡河跨险，利于君子坚守正道。

【原文】《象》曰：同人，柔得位得中而应乎乾，曰"同人"。同人，曰"同人于野，亨，利涉大川"，乾行也。文明以健，中正而应，君子正也。唯君子为能通天下之志。

【译白】《象传》说：同人卦六二阴爻占据下离中正之位，并与上乾九五相应，因此称为"同人"。同人卦说"同人于野，亨，利涉大川"，是因为上乾之天道得以实行。下离有文明之德，上乾有刚健之德，六二、九五各自中正且互相对应，正是君子行正道的表现。只有君子才能统一天下人的志向啊。

---

① 同人于野：同人，与人同声同气，形容和谐。野，形容范围广大。此指天下大同。

【原文】《象》曰：天与火，同人。君子以类族辨物。

【译白】《象传》说：下离为火，上乾为天，天在上，火气向上，天与火亲和相处，这就是同人卦的象征。君子观此卦象，应当仔细分辨各类事物，求同存异，不失分寸。

【原文】初九，同人于门，无咎。

【译白】初九，君子一出门便能与外人和睦相处，没有灾祸。

【原文】《象》曰：出门同人，又谁咎也？

【译白】《象传》说：君子出门，与外人和睦相处，又有谁会责怪他呢？

【原文】六二，同人于宗，吝。

【译白】六二，只与自己亲族的人和睦相处，其道必定难行。

【原文】《象》曰："同人于宗"，吝道也。

【译白】《象传》说："同人于宗"，不能团结各个阶层的大众，这是其道难行的根本原因。

【原文】九三，伏戎于莽①，升其高陵②，三岁不兴。

【译白】九三，将军队埋伏在丛莽之中，登到附近的高山上，从制高点向下频频察看，三年不敢轻易兴兵。

【原文】《象》曰："伏戎于莽"，敌刚也；"三岁不兴"，安行也。

【译白】《象传》说："伏戎于莽"，是因为敌人力量刚强。"三岁不兴"，是为了安全地行动。

【原文】九四，乘其墉③，弗克攻，吉。

【译白】九四，准备登城向敌人发动进攻，但最终没有进攻，是吉祥的。

【原文】《象》曰："乘其墉"，义弗克也，其"吉"，则困而反则也。

【译白】《象传》说："乘其墉"，但最终没有进攻，是

---

① 伏戎于莽：九三与上九皆为阳爻，二者互为敌应（上、下卦相应的位置同为阳爻或同为阴爻称为"敌应"），九三变，则上九亦变，天火同人变为泽雷随。随卦初至四互大离为戈兵，喻指"戎"；二至上互大坎为丛棘，喻指"莽"，故曰"伏戎于莽"。

② 升其高陵：同人卦变为随卦后，三至五互巽为入，为高；上兑为西山，喻指"高陵"，故曰"升其高陵"。

③ 墉（yōng）：高墙，城墙。

因为发现这种行为不合乎道义。但最终"吉"，是因为能及时醒悟，知错就改。

【原文】九五，同人，先号咷而后笑^①，大师克相遇。

【译白】九五，举国上下和谐相处，先放声痛哭，又破涕为笑。大军作战告捷，志同道合的人相会在一起。

【原文】《象》曰：同人之"先"，以中直也。"大师相遇"，言相克也。

【译白】《象传》说：同人的"先"是说内心中正耿直，因为不知战事的胜败而焦虑痛哭。"大师相遇"，是说攻克了阻碍，获得了胜利。

【原文】上九，同人于郊，无悔。

【译白】上九，在荒郊也希望与人和谐相处，但没有遇到志同道合的人，内心无悔。

---

① 先号咷（táo）而后笑：咷，通"啕"，放声痛哭。同人卦上乾为大人，下离为中女，二至四互巽为白，伏震为善鸣，有"中女见大人白事而号哭"之象。六二与九五互变后，天火同人变为火天大有。大有卦三至五互兑为口，乘下乾为金玉，富贵而笑，故曰"先号咷而后笑"。

【原文】《象》曰："同人于郊"，志未得也。

【译白】《象传》说："同人于郊"，说明同人的志愿还没有得以实现。

䷍火天大有

【原文】大有：元亨。

【译白】大有卦象征大有收获：大为亨通。

【原文】《彖》曰：大有，柔得尊位①大中，而上下应之，曰"大有"。其德刚健而文明，应乎天而时行②，是以"元亨"。

【译白】《彖传》说：大有卦六五阴爻得尊位，其余五爻皆为阳爻，众阳爻以六五为中心，且上下相应，所以被称为"大有"。下乾有刚健之德，上离有文明之德，顺应天道，按照时节运行，因此"元亨"。

【原文】《象》曰：火在天上，大有。君子以遏恶扬善，顺天休③命。

---

① 尊位：六爻卦以第五爻为尊位。
② 应乎天而时行：大有卦下乾为天，上离为日，日在天上按时运行，无有差错，故曰"应乎天而时行"。
③ 休：美也，此处指修美、护佑。

【译白】《象传》说：下乾为天，上离为火，火在天上，这就是大有卦的象征。君子观此卦象，应当抑恶扬善，顺应天道，护佑万物。

【原文】初九，无交害，匪咎。艰则无咎。

【译白】初九，不互相交往，也不互相伤害，没有灾祸。居安思危，才能免除祸端。

【原文】《象》曰：大有初九，无交害也。

【译白】《象传》说：大有卦的初九，说明此时互不往来，一动不如一静，就没有什么是非，虽然没有助益，但也没有损害。

【原文】九二，大车以载①，有攸往，无咎。

【译白】九二，用大车满载财物，有所前往，没有灾祸。

【原文】《象》曰："大车以载"，积中不败也。

【译白】《象传》说："大车以载"，把财物承载于正中就不会败坏于途中。

---

① 大车以载：九二为下乾中爻，乾为良马，伏坤为大舆，故曰"大车以载"。

【原文】九三，公用亨①于天子，小人弗克。

【译白】九三，公侯向天子进献朝贺，小人不能胜任如此重要的职务。

【原文】《象》曰："公用亨于天子"，小人害也。

【译白】《象传》说："公用亨于天子"，小人只会徒增祸患。

【原文】九四，匪其尪②，无咎。

【译白】九四，排除自身的邪曲不正，无所祸害。

【原文】《象》曰："匪其尪，无咎"，明辩晢③也。

【译白】《象传》说："匪其尪，无咎"，说明要明辨是非，明察事理。

---

① 用亨（xiǎng）：亨，通"享"，犹言"朝献"。指古代诸侯向天子献礼致敬的仪式。

② 尪（wāng）：椎骨后曲、鼻孔朝天的残疾人。此处通行本《周易》多作"彭"，有旁、近、鼓声的意思。本书考郭或译注版本为"尪"，喻邪曲不正。

③ 晢（zhé）：明白，明显。

【原文】六五，厥孚交如①，威如②，吉。

【译白】六五，君臣以诚信相交，君王既怀柔又威严，吉祥。

【原文】《象》曰："厥孚交如"，信以发志也。"威如"之吉，易而无备也。

【译白】《象传》说："厥孚交如"，是说以诚信感动别人，使别人也诚信。"威如"之所以吉祥，是因为平易近人、纯真质朴能使人放下戒备，自然而然地心生敬畏。

【原文】上九，自天佑之，吉，无不利。

【译白】上九，上天保佑有德之人，吉祥，没有不利。

【原文】《象》曰：大有上吉，自天佑也。

【译白】《象传》说：大有卦的上九吉祥，来自上天的护佑。只有顺天应人，才能享有富贵。

---

① 厥孚交如：六五为君位，上下皆为阳爻，虚心为孚，执柔守中。以诚信之道待臣，则臣亦以诚信之道事君，上下孚信之气相交，故曰"厥孚交如"。
② 威如：威风凛凛的样子。

䷎地山谦

【原文】谦：亨，君子有终。

【译白】谦卦象征谦虚：亨通，君子若保持谦虚的美德就能得到好的结果。

【原文】《彖》曰：谦"亨"，天道下济而光明，地道卑而上行。天道亏盈而益谦，地道变盈而流谦，鬼神害盈而福谦，人道恶盈而好谦。谦，尊而光，卑而不可逾，"君子"之"终"也。

【译白】《彖传》说：谦卦的"亨"是说天道以阳气下济万物而光明，地道以阴气谦卑处下而上行。天道的规律是盈者将亏，谦者受益，日月、阴阳不断变化；大地的规律是改变满盈而充实谦虚；鬼神的本性是祸害盈满之人而庇佑谦逊之人，使过分者受损，而不足者受益；人类的本性是厌恶满盈而爱好谦虚。人皆尚谦而戒骄，谦虚的人处于尊位就光荣，处于卑贱之位也不可被超越，所以君子能有好的结果。

【原文】《象》曰：地中有山，谦。君子以裒①多益寡，称物平施。

【译白】《象传》说：谦卦下艮为山，上坤为地，高山隐藏于地中，美德隐藏于心中，这就是谦卦的象征。君子观此卦象，应当减损多余的，增益稀缺的，权衡事物并公平施与。

【原文】初六，谦谦君子，用涉大川，吉。

【译白】初六，谦谦君子，渡河远行一定能成功，吉祥。

【原文】《象》曰："谦谦君子"，卑以自牧②也。

【译白】《象传》说："谦谦君子"，为人谦卑而能自我约束，加强自身修养。

【原文】六二，鸣谦③，贞吉。

【译白】六二，谦虚的君子美名远扬，坚守正道即可获得吉祥。

【原文】《象》曰："鸣谦，贞吉"，中心得也。

---

① 裒（póu）：减少。
② 自牧：自我约束，自我修养。
③ 鸣谦：六二居下艮中位，三至五互震为善鸣之马，故曰"鸣谦"。

【译白】《象传》说："鸣谦，贞吉"，是因为内心纯正。

【原文】九三，劳谦，君子有终，吉。

【译白】九三，勤劳而又谦虚，君子将美德贯彻到底，吉祥。

【原文】《象》曰："劳谦"君子，万民服也。

【译白】《象传》说："劳谦"的君子，万民都对他敬仰信服。

【原文】六四，无不利，㧑谦①。

【译白】六四，没有不利，要发扬光大谦逊的美德。

【原文】《象》曰："无不利，㧑谦"，不违则也。

【译白】《象传》说："无不利，㧑谦"，不违背为人处世的原则。

---

① 㧑（huī）谦：推行谦德，泛指发扬谦逊之德。

【原文】六五，不富①，以其邻利用侵伐②，无不利。

【译白】六五，君王虽不富有，但却虚怀若谷，受万众追随，有利于与邻国一起兴兵讨伐，没有不利。

【原文】《象》曰："利用侵伐"，征不服也。

【译白】《象传》说："利用侵伐"，是说征伐那些桀骜不驯、不肯臣服的国家。

【原文】上六，鸣谦，利用行师，征邑国。

【译白】上六，谦虚的君子一呼百应，利于兴兵出征，讨伐那些邻近的小国。

【原文】《象》曰："鸣谦"，志未得也。可用"行师，征邑国"也。

【译白】《象传》说："鸣谦"，但安邦定国的志愿还没有达成。此时可以"行师，征邑国"。

---

① 不富：谓六五阴虚失实，喻虚怀若谷之义。人情亲富而远贫，然六五以阴柔居君位，执谦德以接下，天下归心，故虽不富但也有人追随。
② 利用侵伐：为君之道，不可专尚谦柔，必以威武相济、威德并著，方能万众臣服，故曰"利用侵伐"。

䷏雷地豫

【原文】豫：利建侯行师。

【译白】豫卦象征欢乐、愉快：利于分封诸侯，出兵征讨。

【原文】《彖》曰：豫，刚应而志行。顺以动①，豫。豫顺以动，故天地如之，而况"建侯行师"乎？天地以顺动，故日月不过，而四时不忒②。圣人以顺动，则刑罚清而民服。豫之时义大矣哉！

【译白】《彖传》说：豫卦九四阳爻有所呼应，志愿得以实行。下坤顺应上震之动，这就是豫卦的象征。豫卦顺应天时而运行，所以天地皆如其意，何况"建侯行师"呢？天地有顺时运行的法则，所以日月变换不超过既定的时限，四季更替不因误差而失序。圣人遵守顺时运行的法则，刑罚便会清明，百

---

① 顺以动：豫卦下坤为地，为顺；上震为雷，为动。大地随雷鸣而震动，故曰"顺以动"。
② 忒（tè）：差错。

姓便会信服。豫卦与时偕行的意义真伟大啊！

【原文】《象》曰：雷出地奋，豫。先王以作乐^①崇德，殷荐^②之上帝，以配祖考^③。

【译白】《象传》说：豫卦下坤上震，地上响雷，大地震动，这就是豫卦的象征。上古圣明的君王，从大自然愉悦的雷鸣声中受到启发，创作音乐来赞美功德，通过盛大的礼仪将音乐献给天帝，并让自己的祖先配合共享。

【原文】初六，鸣豫，凶。

【译白】初六，逸豫过了头，自鸣得意，结果乐极生悲，必有凶险。

【原文】《象》曰：初六"鸣豫"，志穷凶也。

【译白】《象传》说：初六"鸣豫"，是说志得意满，得意到了极点将产生骄纵心态，必然带来祸患。

【原文】六二，介于石^④，不终日，贞吉。

---

① 乐（yuè）：音乐。
② 荐：献。
③ 祖考：祖，亡故的祖父。考，亡故的父亲。泛指家族亡故的祖先。
④ 介于石：介，耿介，正直。气节像磐石一样坚贞。豫卦二至四互艮为石，上震覆艮亦为石，故曰"介于石"。

【译白】六二，正直的品德坚如磐石，不到一天时间就领悟了逸豫必须适中的道理，坚守正道可获吉祥。

【原文】《象》曰："不终日，贞吉"，以中正也。

【译白】《象传》说："不终日，贞吉"，是因为能居中守正，在逸豫中毫不过分沉溺。

【原文】六三，盱豫^①，悔，迟有^②悔。

【译白】六三，用谄媚、奉承等不当的手段讨好上司而求得欢乐，将会招致悔恨。如果迟迟不肯醒悟，就会招致更大的悔恨。

【原文】《象》曰："盱豫""有悔"，位不当也。

【译白】《象传》说："盱豫""有悔"，是因为六三爻所处的位置不当。

---

① 盱（xū）豫：盱，睁大眼睛向上看。用谄媚、奉承等不当的手段讨好上司。六三爻不中不正，居于九四之下，有向上讨好之象。
② 有（yòu）：通"又"，表示重复、连续。

【原文】九四，由豫^①，大有得，勿疑，朋盍簪^②。

【译白】九四，人们因他而获得快乐，并大有所得，不必怀疑，朋友会从四面八方聚集而来。

【原文】《象》曰："由豫，大有得"，志大行也。

【译白】《象传》说："由豫，大有得"，说明九四爻的阳刚之志得以实现了。

【原文】六五，贞疾^③，恒不死。

【译白】六五，国中出现了不少弊病，但是仍能长久坚持下去，而不致灭亡。

【原文】《象》曰：六五"贞疾"，乘刚也。"恒不死"，中未亡也。

【译白】《象传》说：六五"贞疾"，是因为阴柔凌驾于阳刚之上。"恒不死"，是因为居中不偏就未必败亡。

---

① 由豫：任由九四爻行动。由，任由。九四为豫卦唯一阳爻，动而众阴悦顺。又六五为君、九四为臣，九四以阳刚任事，六五任由九四放手施为，故曰"由豫"。

② 盍（hé）簪：指朋友聚集而来。

③ 贞疾：六五以阴柔居君位，沉溺于逸乐而不能自立，权势皆在于九四之臣。六五虽居君位，却受制于臣，故曰"贞疾"。

【原文】上六，冥豫①成，有渝无咎。

【译白】上六，已处在天昏地暗的局面中，却执迷不悟，仍沉溺于寻欢作乐，十分危险，只有及时醒悟，改弦更张，才能避免灾祸。

【原文】《象》曰："冥豫"在上，何可长也？

【译白】《象传》说：处于"冥豫"的状态之下，这样的逸乐怎么可能长久呢？

---

① 冥豫：天昏地暗还在娱乐。上六以阴居上，不中不正，豫而失德，故曰"冥豫"。

䷐泽雷随

【原文】随：元亨，利贞。无咎。

【译白】随卦象征随从、随和：大为亨通，利于坚守正道。没有灾祸。

【原文】《彖》曰：随，刚来而下柔，动而说①，随，大亨，贞无咎，而天下随时。随时之义大矣哉！

【译白】《彖传》说：随卦下震上兑，阳刚来而处于阴柔之下，下震行动，上兑喜悦，故有众人相随。大为亨通，坚守正道必无咎害，天下万物都能随时而作。随卦与时偕行的意义很大啊！

【原文】《象》曰：泽中有雷，随。君子以向晦②入宴息③。

---

① 说（yuè）：同"悦"，喜悦。随卦上兑为悦。
② 向晦：傍晚，天快黑的时候。
③ 宴息：休息。

【译白】《象传》说：随卦下震为雷，上兑为泽，泽中有雷，雷声大作，湖泽随之震动，这就是随卦的象征。君子观此卦象，应当遵从自然规律，随时而动，在白天的时候外出劳作，在天快黑的时候回家休息。

【原文】初九，官有渝，贞吉。出门交有功。

【译白】初九，思想观念随着时间改变，就吉祥。外出交友，一定会成功。

【原文】《象》曰："官有渝"，从正吉也。"出门交有功"，不失也。

【译白】《象传》说："官有渝"，追随中正之道就可以获得吉祥。"出门交有功"，是因为不失中正之道。

【原文】六二，系小子，失丈夫①。

【译白】六二，追随小人行事，就会偏离君子之道。

---

① 系小子，失丈夫：六二为下震中爻，震为丈夫。然二至四互艮为小子，三至五互巽为绳，绳缚于小子，则无丈夫之全象，故曰"系小子，失丈夫"。

【原文】《象》曰："系小子"，弗兼与①也。

【译白】《象传》说："系小子"，因为君子之道、小人之道互相对立，不能同时奉行。

【原文】六三，系丈夫，失小子，随有求得。利居贞。

【译白】六三，追随君子行事，就必须摒弃小人之道。随时有求便能有所收获。利于安居乐业，以贞正的态度处世。

【原文】《象》曰："系丈夫"，志舍下也。

【译白】《象传》说："系丈夫"，说明用心专一，摒弃低劣的小人之道。

【原文】九四，随有获②，贞凶。有孚在道，以明，何咎？

【译白】九四，他人追随自己行事，虽然有所收获，但占问结果凶险。然而只要心存诚信、正义，遵从正道，发扬美德，还会有什么灾祸呢？

---

① 弗兼与（jǔ）：与，通"举"，奉立，奉行。君子与小人之道不能同时奉行。随卦下震上兑，为震"举"兑之象。又二至四互艮为手，亦"举"兑，二者不能同时奉举上兑，故曰"弗兼与"。
② 随有获：九四处于臣位，以阳刚之道事君，使六二、六三皆随于己，虽得利但有僭越之嫌。

【原文】《象》曰："随有获"，其义凶也。"有孚在道"，明功也。

【译白】《象传》说："随有获"，九四有僭越之嫌，所以可能有凶险。"有孚在道"，是立身光明磊落带来的功劳。

【原文】九五，孚于嘉，吉。

【译白】九五，心怀诚信，随善而行，吉祥。

【原文】《象》曰："孚于嘉，吉"，位正中也。

【译白】《象传》说："孚于嘉，吉"，是因为九五得上卦中正之爻位，所处位置正当。

【原文】上六，拘系之，乃从维之。王用亨于西山①。

【译白】上六，用强迫的手段拘禁，并用绳索绑牢，才能使其不得不顺服追随。君王要在西山设祭，要出师征讨那些不顺从的人。

---

① 王用亨（xiǎng）于西山：亨，通"享"，指古代出师设祭之礼。用亨，举行祭祀活动。又上兑为西方，伏艮为山，故曰"王用亨于西山"。

【原文】《象》曰:"拘系之",上穷也。

【译白】《象传》说:"拘系之",是因为上六居随卦最终爻,再往上便是穷途末路。

䷑山风蛊

【原文】蛊：元亨，利涉大川。先甲三日，后甲三日。

【译白】蛊卦象征弊乱和整治：大为亨通，利于渡过大河。不过，在做大事以前，要再三思虑，等考虑充分以后再行动。

【原文】《彖》曰：蛊，刚上而柔下，巽而止，蛊。蛊，"元亨"而天下治也。"利涉大川"，往有事也。"先甲三日，后甲三日"，终则有始，天行也。

【译白】《彖传》说：蛊卦下巽上艮，阳刚在上，阴柔在下。并且下巽为风，为入；上艮为山，为止，政令入而弊乱止，是大有可为的亨通之事，能使天下得到治理。"利涉大川"，是因为有大事要去执行。"先甲三日，后甲三日"，是因为要防备将来发生的变数，做事才能有一个顺利的开端，这就是天道常理。

【原文】《象》曰：山下有风，蛊。君子以振民育德。

【译白】《象传》说：蛊卦下巽上艮，山下有风，这就是蛊卦的象征。君子观此卦象，应当清正民风，修养道德。

【原文】初六，干①父之蛊。有子考，无咎。厉终吉。

【译白】初六，匡正父辈造成的弊乱，由子辈继承父辈的基业，没有灾祸。虽然可能遇到一些艰难险阻，但只要努力奋斗，最终必定吉祥。

【原文】《象》曰："干父之蛊"，意承考也。

【译白】《象传》说："干父之蛊"，说明志在继承父辈的事业。

【原文】九二，干母之蛊，不可贞。

【译白】九二，匡正母辈造成的弊乱，要收敛阳刚之气，以阴柔温顺之道自居。

【原文】《象》曰："干母之蛊"，得中道也。

【译白】《象传》说："干母之蛊"，九二居下巽中位，必须刚柔适中，不可偏颇。

---

① 干（gàn）：正，匡正。

【原文】九三，干父之蛊，小有悔，无大咎。

【译白】九三，匡正父辈造成的弊乱，其间可能有一些小的悔恨，但没有大的灾祸。

【原文】《象》曰："干父之蛊"，终无咎也。

【译白】《象传》说："干父之蛊"，最终不会有灾祸。

【原文】六四，裕父之蛊，往见吝。

【译白】六四，慢慢匡正父辈造成的弊乱，这样前进将会遇到困难。

【原文】《象》曰："裕父之蛊"，往未得也。

【译白】《象传》说："裕父之蛊"，向前发展很难得到理想的结果。

【原文】六五，干父之蛊，用誉。

【译白】六五，匡正父辈造成的弊乱，将会获得美好的声誉。

【原文】《象》曰："干父之蛊，用誉"，承以德也。

【译白】《象传》说："干父之蛊，用誉"，是因为顺承天德。

【原文】上九，不事王侯，高尚其事。

【译白】上九，不肯屈身侍奉王侯权贵，保持自己高尚的气节。

【原文】《象》曰："不事王侯"，志可则也。

【译白】《象传》说："不事王侯"，君子高尚的气节可以作为人们学习的准则。

䷒地泽临

【原文】临：元亨，利贞，至于八月有凶。

【译白】临卦象征君临天下：大为亨通，利于坚守正道，但是到了八月阳衰阴盛的时候，就会发生凶险。

【原文】《彖》曰：临，刚浸①而长，说②而顺，刚中而应。大亨以正，天之道也。"至于八月有凶"，消③不久也。

【译白】《彖传》说：临卦下兑上坤，二阳爻处于四阴爻之下，阳气渐渐向上成长，下兑为悦，上坤为顺，喜悦、顺遂，九二居下兑中位且与六五相应。正大而亨通，这就是天道运行的法则。"至于八月有凶"，是说现在虽然阳气初生，但是不久就是八月（若以六十四卦象征时序变化，则临卦下一卦观卦即是象征八月之卦），到时候将会阳消阴长。

---

① 浸：逐渐。
② 说（yuè）：同"悦"，喜悦。临卦下兑为悦。
③ 消：四季阴阳变化以阴增阳减为"消"，阴减阳增为"息"。八月阳消阴长，故称"消"。

【原文】《象》曰：泽上有地，临。君子以教思无穷，容保民无疆。

【译白】《象传》说：临卦下兑为泽，上坤为地，泽上有地，这就是临卦的象征。君子观此卦象，应当竭尽心思教化万民，以宽广博大的胸怀包容和保护万民。

【原文】初九，咸临①，贞吉。

【译白】初九，以感化之道君临天下，坚守正道可获吉祥。

【原文】《象》曰："咸临，贞吉"，志行正也。

【译白】《象传》说："咸临，贞吉"，说明君子的志向和行为都合乎正道。

【原文】九二，咸临，吉，无不利。

【译白】九二，以感化之道君临天下，吉祥，没有什么不利的。

【原文】《象》曰："咸临，吉，无不利"，未顺命也。

---

① 咸临：咸，感应，感化。阳气生发之时，阴气有所感应，六四应于初九，初九上行而得正道，犹如君子驾临，故曰"咸临"。

【译白】《象传》说："咸临，吉，无不利"，这是君子自身刚健向上的结果，他不囿于命运的安排。

【原文】六三，甘临①，无攸利。既忧之，无咎。

【译白】六三，用甜言蜜语来取悦万民，没有什么好处。但是忧惧改过之后，就不会有灾祸。

【原文】《象》曰："甘临"，位不当也。"既忧之"，咎不长也。

【译白】《象传》说："甘临"，是因为六三爻所处的位置不当。"既忧之"，灾祸就不会长久。

【原文】六四，至临②，无咎。

【译白】六四，居高位而临下，顺应民心，没有灾祸。

【原文】《象》曰："至临，无咎"，位当也。

【译白】《象传》说："至临，无咎"，是因为六四爻所

---

① 甘临：甘，甜蜜动听的话语。六三处于下卦上爻，其位不中不正，又下兑为悦，六三有以甜言蜜语取悦民众之象，故曰"甘临"。
② 至临：居高位而临下。临卦上坤为顺，六四居上卦下位，与下卦相邻，并与初九相应，有顺应民心之象，故曰"至临"。

处位置正当。

【原文】六五，知临①，大君之宜，吉。

【译白】六五，以聪明才智驾临天下，这是君王统御万民最好的方式，吉祥。

【原文】《象》曰："大君之宜"，行中之谓也。

【译白】《象传》说："大君之宜"，是说推行中正之道。

【原文】上六，敦临，吉，无咎。

【译白】上六，温柔敦厚地统治天下，吉祥，没有灾祸。

【原文】《象》曰："敦临"之吉，志在内也。

【译白】《象传》说："敦临"的吉祥，说明内心的志向在于利国利民。

---

① 知（zhì）临：知，通"智"，睿智，明智。六五以阴柔处君位，以自身一人临天下之广，不自恃其能而周全天下，是有知人善任之智慧。六五应于九二，善用阳刚中正之臣，故曰"知临"。

䷓风地观

【原文】观：盥而不荐①。有孚颙若②。

【译白】观卦象征观瞻：看过祭祀开始时用祭酒灌地以降神的隆重仪式后，就可以不看后面的献飨细节。因为心中已经充满诚敬肃穆的情绪。

【原文】《彖》曰：大观在上，顺而巽，中正以观天下，观。"盥而不荐。有孚颙若"，下观而化也。观天之神道，而四时不忒。圣人以神道设教，而天下服矣。

【译白】《彖传》说：观卦下坤上巽，下坤为地、为顺，上巽为风、为入，君子顺从而深入，以中正之道观视天下，这就是观卦的象征。"盥而不荐。有孚颙若"，说明观看祭典的人们已被感化。瞻仰天行阴阳之道，四季运转有条不紊。圣人

---

① 盥（guàn）而不荐：盥，古时灌祭的礼仪，祭祀开始时，先洗手以祭酒洒地。荐，古时献飨的礼仪，祭祀结束时，向鬼神或祖先献上祭品。古时祭礼繁杂，应取最庄严可观者，其后则可略而不观，故曰"盥而不荐"。

② 颙（yóng）若：颙，恭敬。庄严肃穆的样子。

以天地、阴阳的神奇奥妙之道实施教化，天下万众都能信服。

【原文】《象》曰：风行地上，观。先王以省方①观民设教。

【译白】《象传》说：观卦下坤为地，上巽为风，风行地上，这就是观卦的象征。古代的圣王以观卦之道巡视四方，观察民情，实施教化。

【原文】初六，童观，小人②无咎，君子吝。

【译白】初六，像幼稚的孩童一样观察事物，这对平民百姓来说没有灾祸，但对身负教化重任的君子来说，就有害处了。

【原文】《象》曰："初六，童观"，小人道也。

【译白】《象传》说："初六，童观"，这是平民百姓的浅见之道。

【原文】六二，窥观③，利女贞。

① 省（xǐng）方：省，视察，巡察。指巡视四方。
② 小人：指平民百姓。
③ 窥观：观卦六二变，风地观变成风水涣。二至五互大离为目，能进行观视，下坎为盗，喻指"偷"，有偷看之意，故曰"窥观"。

【译白】六二，暗中观仰美盛景物，利于女子坚守贞正之道。

【原文】《象》曰："窥观，女贞"，亦可丑也。

【译白】《象传》说："窥观，女贞"，但对男子来说则是丢人现丑的事情。

【原文】六三，观我生，进退①。

【译白】六三，用道德的标准来审视自己的言行，小心谨慎地决定进退。

【原文】《象》曰："观我生，进退"，未失道也。

【译白】《象传》说："观我生，进退"，并没有偏离正道。

【原文】六四，观国之光②。利用宾于王。

【译白】六四，瞻仰国家的风光景象，有利于贤臣为君王

---

① 观我生进退：观卦下坤为顺，六三居下卦上位，处顺之极，能顺时进退，故曰"观我生进退"。

② 观国之光：六四居上卦下位，以柔顺之德亲近九五之尊，犹如瞻仰君王的文治武功，故曰"观国之光"。

辅佐效力。

【原文】《象》曰："观国之光"，尚宾也。

【译白】《象传》说："观国之光"，说明有志成为匡君辅国的贤臣。

【原文】九五，观我生①，君子无咎。

【译白】九五，以慈母爱子之心视察自己统御的臣民，恪守君子之道则没有灾祸。

【原文】《象》曰："观我生"，观民也。

【译白】《象传》说："观我生"，是说视察民情。

【原文】上九，观其生②，君子无咎。

【译白】上九，审视自己的德业教化，恪守君子之道则没有灾祸。

---

① 观我生：观卦九五与六二相应，两爻互变，风地观变成山水蒙。蒙卦二至上互大离为观视之"目"，三至五互坤为母，二至四互震为长男，犹如母亲观视自己所生的长子。推家为国，则君王将臣民视如己出，故曰"观我生"。
② 观其生：视察所治下的百官庶民，审视自己的德业教化。"生"为由之所出之意，所出未必指儿女，亦指德业教化。

【原文】《象》曰："观其生"，志未平也。

【译白】《象传》说："观其生"，是因为君子始终以天下为己任，天下未安，其志难平。

䷔ 火雷噬嗑

【原文】噬嗑①：亨，利用狱。

【译白】噬磕卦象征咬合：亨通，利于审理刑狱案件。

【原文】《彖》曰：颐中有物②，曰噬嗑。"噬嗑"而
"亨"，刚柔分，动而明。雷电合而章③。柔得中而上行④，
虽不当位，"利用狱"也。

【译白】《彖传》说：噬嗑卦下震上离，犹如口腔中含
有食物，这就是噬嗑卦的象征。"噬嗑"而"亨"，是因为
阴爻阳爻数目相等，阴阳均分；下震为雷、为动，上离为火

---

① 噬嗑（hé）：噬，咬。嗑，闭合。上下颚咬合，咀嚼食物的样子，比
喻施用刑法。
② 颐中有物："颐"为山雷颐卦，取"腮颊"之意。颐卦初九、上九为阳
爻，六二、六三、六四、六五皆为阴爻。六四由阴变阳，则成火雷噬
嗑，九四象征两腮之间的食物，故曰"颐中有物"。
③ 章：显明，显著。
④ 柔得中而上行：六二居下卦中位，六五居上卦中位，六二与六五同为
阴爻，为敌应关系。因此六五欲变为阳爻与六二相应，故曰"柔得
中而上行"。

（电）、为明，健动而光明。雷电相合，耀眼夺目。阴爻得上、下卦之中位，六五欲变为阳爻而上行，虽然所处位置不当，但是"利用狱"。

【原文】《象》曰：雷电噬嗑，先王以明罚敕法。

【译白】《象传》说：噬嗑卦象征雷电交击，古代圣王以噬嗑之道严明赏罚，整饬法令。

【原文】初九，屦校灭趾①，无咎。

【译白】初九，脚上戴枷，夹断脚趾，有所惩戒就不会旧罪重犯，没有灾祸。

【原文】《象》曰："屦校灭趾"，不行也。

【译白】《象传》说："屦校灭趾"，是为了使犯人不继续错下去。

【原文】六二，噬肤灭鼻，无咎。

【译白】六二，损伤犯人的皮肤，削去犯人的鼻子，使犯人深切悔改，没有灾祸。

---

① 屦（jù）校（jiào）灭趾：屦，草鞋，此指脚穿鞋的动作。校，古时的木制刑具。脚上戴枷，夹断脚趾。

【原文】《象》曰："噬肤灭鼻"，乘刚也。

【译白】《象传》说："噬肤灭鼻"，是因为六二乘于初九之上，对顽固的犯人必须用重刑使他就范。

【原文】六三，噬腊肉①，遇毒，小吝无咎。

【译白】六三，施行刑罚的过程并不顺利，就像因啃食干硬的肉块而中毒一样，虽然有些许艰难，但是没有大的灾祸。

【原文】《象》曰："遇毒"，位不当也。

【译白】《象传》说："遇毒"，是因为六三爻所处位置不当。

【原文】九四，噬干胏②，得金矢③。利艰贞吉。

【译白】九四，啃食连着骨头的干肉，却吃出金箭。利于在艰难中守持贞正之道，吉祥。

---

① 噬腊（xī）肉：古时腊肉之"腊"与腊月之"腊"不同字，前者读作"xī"，意为干肉，后者写作"臘"，即"腊"之繁体，读作"là"，意为年终腊祭。噬嗑卦六三变而成离卦，离为干，二至五互四爻坎为肉，三至五互兑为口，有食干肉之象，故曰"噬腊肉"。

② 胏（zǐ）：带骨头的干肉。

③ 得金矢：金为刚，矢为直，金矢象征刚健正直的美德。

【原文】《象》曰："利艰贞吉"，未光也。

【译白】《象传》说："利艰贞吉"，是说持中守正的美德还没有普及，应该继续发扬。

【原文】六五，噬干肉，得黄金。贞厉，无咎。

【译白】六五，啃食干肉，却吃出黄金。坚守正道，防范危害就没有灾祸。

【原文】《象》曰："贞厉无咎"，得当也。

【译白】《象传》说："贞厉无咎"，是因为六五所处位置正当。

【原文】上九，何①校灭耳，凶。

【译白】上九，肩负重枷，损伤耳朵，凶险。

【原文】《象》曰："何校灭耳"，聪不明②也。

【译白】《象传》说："何校灭耳"，是因为上九居噬嗑之极，凌驾于六五君位之上，积恶不改，太不聪明了。

---

① 何（hè）：通"荷"，肩负，承载。
② 聪不明：聪为善听，明为善视。意指积恶不改。

䷕山火贲

【原文】贲①：亨，小利②有攸往。

【译白】贲卦象征文饰：亨通，稍利于前往行事。

【原文】《彖》曰：贲"亨"，柔来而文刚，故亨；分刚上而文柔，故"小利有攸往"，天文也。文明以止③，人文也。观乎天文，以察时变。观乎人文，以化成天下。

【译白】《彖传》说：贲卦"亨"，是因为阴爻来文饰阳爻，所以亨通；九三向上而文饰阴爻，所以"小利有攸往"。阴阳刚柔互相文饰，就是天文。人以天文自处，就是人文。观察天文以察知时序变化，观察人文以教化天下民众。

【原文】《象》曰：山下有火，贲。君子以明庶政，无敢折狱。

---

① 贲（bì）：文饰，装饰。
② 小利：只装饰事物的外表，而不改变事物的本质，只能起到"锦上添花"的作用，因此只说"小利"。
③ 止：停留，居住。此指以天文自处。

【译白】《象传》说：贲卦下离为火、上艮为山，山下有火，火光将山上的草木照得通明，如同披彩一般，这就是贲卦的象征。君子观此卦象，应当像火把照明一样，使政事通明，而不能在断案时矫饰真情，轻率判决。

【原文】初九，贲其趾[①]，舍车而徒[②]。

【译白】初九，君子以礼自饰，舍弃车马而徒步行进。

【原文】《象》曰："舍车而徒"，义弗乘也。

【译白】《象传》说："舍车而徒"，是因为按道义不该乘坐车马。

【原文】六二，贲其须[③]。

【译白】六二，文饰尊者的胡须。

---

① 贲其趾：趾，脚趾，指行道。初九居下离下位，离为火、为明，初九象征君子以阳明之德处于下位，无所施于天下，故只能自正其行。
② 舍车而徒：徒，徒步行进。初九与六二相比且与六四相应，按程颐《周易程氏传》解，应于六四为正，比于六二为不正，故君子舍近而求远，舍易而求难，犹如舍车而步行。
③ 贲其须：六二居下卦中位，为下卦主爻，言饰于物者不能改变其本质。犹如胡须长在下巴上，只起到装饰作用，随下巴张弛而上下运动，喻指事物的本质不因加饰之物而改变。因其质而饰之，方为君子之道。

【原文】《象》曰："贲其须"，与上兴也。

【译白】《象传》说："贲其须"，是说装饰之物与它依附的主体志同道合。

【原文】九三，贲如濡如，永贞吉。

【译白】九三，文饰得那样俊雅，润泽得那样滋润，永远坚守正道，吉祥。

【原文】《象》曰："永贞"之"吉"，终莫之陵①也。

【译白】《象传》说："永贞之吉"，是说坚守正道的人，永远不会受到别人的侵犯。

【原文】六四，贲如皤如②。白马翰如③，匪寇，婚媾。

【译白】六四，装饰得一身素雅，乘坐着一匹白色的骏马飞快地向前奔驰。不是来犯的盗贼，而是来请求婚配的人。

【原文】《象》曰：六四当位，疑④也。"匪寇，婚

---

① 陵：欺辱，侵犯。
② 皤（pó）如：皤，白色。洁白如玉，形容素雅的样子。
③ 翰如：翰，羽飞之状。指骏马飞驰的样子。
④ 疑：疑虑，担忧。六四与初九相应，欲与初九（向往之"佳人"）互相文饰，却被九三（拦路之盗贼）所阻拦，故有所"疑"。

媾"，终无尤也。

【译白】《象传》说：六四爻所处位置正当，心中却有所疑虑。"匪寇，婚媾"，是说君子理直义胜，最终一定得偿所愿，没有过失。

【原文】六五，贲于丘园①，束帛戋戋②。吝终吉。

【译白】六五，装饰君王隐居的丘园，只拿一点微薄的礼品来馈赠贤臣。虽然小有过失，但最终吉祥。

【原文】《象》曰：六五之吉，有喜也。

【译白】《象传》说：贲卦六五的吉，是将有喜庆之事发生。

【原文】上九，白贲，无咎。

【译白】上九，装饰淡雅，不过于华丽，没有灾祸。

【原文】《象》曰："白贲，无咎"，上得志也。

---

① 贲于丘园：丘园指隐居的地方。六五以阴柔处君位，且与六二不相应，故失位无应，隐居丘园。又六五与上九比邻，上九之贤臣文饰六五之寡人，象征君王无以自立，而受助于贤臣，故曰"贲于丘园"。
② 束帛戋（jiān）戋：束帛，帛以五匹为一束，古时常用作王侯馈赠的礼品。戋戋，浅小，形容少。只有五匹帛，形容礼物微薄。

【译白】《象传》说："白贲，无咎"，是因为上九居于最上之爻位，反而文饰其下九五之君，正合君子匡君辅国之志。

䷖山地剥

【原文】剥：不利有攸往。

【译白】剥卦象征剥落：不利于前往行事。

【原文】《彖》曰：剥，剥也，柔变刚①也。"不利有攸往"，小人长也。顺而止之，观象也。君子尚消息盈虚②，天行也。

【译白】《彖传》说：剥卦下坤上艮，阴柔之气迫使阳刚之气发生变化。"不利有攸往"，是因为小人之道渐长。君子顺应剥卦之道，抑止小人之道，静观阴阳变化之象。君子重视

---

① 柔变刚：阴气侵凌阳气，迫使阳气消亡。此处"变"不言阴变为阳，而言阴使阳变。

② 消息盈虚：指一年四季的阴阳变化。阴增阳减曰"消"，阴减阳增曰"息"。《周易》六十四卦中有十二消息卦，即以乾、坤二卦为基础，根据各爻消息变化而来，配以一年十二个月，因此又称"十二月卦"。䷗地雷复为子月（十一月），䷒地泽临为丑月（腊月），䷊地天泰为寅月（正月），䷡雷天大壮为卯月（二月），䷪泽天夬为辰月（三月），䷀乾为巳月（四月），䷫天风姤为午月（五月），䷠天山遁为未月（六月），䷋天地否为申月（七月），䷓风地观为酉月（八月），䷖山地剥为戌月（九月），䷁坤为亥月（十月）。

阴阳消长、日月盈虚，这就是天道运行的法则。

【原文】《象》曰：山附于地，剥。上以厚下安宅。

【译白】《象传》说：剥卦下坤为地、上艮为山，山附于地，受自然侵蚀而风化，山石剥落而逐渐接近地面，这就是剥卦的象征。居上位者应当厚待下属，使他们安居乐业，以从基础上巩固自身的地位。

【原文】初六，剥床以足，蔑①。贞凶。

【译白】初六，剥落床体先由最下方的床脚部分开始，床脚必被蚀灭。占问的结果是凶险。

【原文】《象》曰："剥床以足"，以灭下②也。

【译白】《象传》说："剥床以足"，是说从基础开始，自下而上开始遭破坏。

【原文】六二，剥床以辨③，蔑。贞凶。

【译白】六二，剥掉床脚后，又剥掉床身与床脚相连的部

① 蔑：通"灭"，蚀灭。
② 灭下：从基础开始破坏。象征阴气自下而上侵蚀阳气，邪道自下而上侵蚀正道。
③ 辨：床身与床脚相连的部分。

分，床身必遭蚀灭。占问的结果是凶险。

【原文】《象》曰："剥床以辨"，未有与①也。

【译白】《象传》说："剥床以辨"，床身就失去了支撑。

【原文】六三，剥之，无咎。

【译白】六三，虽处剥落之时，却暂时没有大的灾祸。

【原文】《象》曰："剥之，无咎"，失上下②也。

【译白】《象传》说："剥之，无咎"，是因为六三已离开上下群阴而独与上九相应。

【原文】六四，剥床以肤，凶。

【译白】六四，已经剥掉大片的床面了，凶险。

【原文】《象》曰："剥床以肤"，切近灾也。

【译白】《象传》说："剥床以肤"，是说灾祸迫近，马

---

① 未有与（jǔ）：与，通"举"，托举，支撑。六二与六五同为阴爻，没有支撑相应的阳爻，故曰"未有与"。

② 失上下：六三爻与上下阴爻皆不同，唯独六三与上九阳爻相应，阴柔中潜藏着阳刚的性质，所以可以避免灾祸。

上就要危及床上之人了。

【原文】六五，贯鱼以宫人宠^①，无不利。

【译白】六五，后宫之人像鱼群一样争相涌入宫门，得到君王的宠幸，没有什么不利。

【原文】《象》曰："以宫人宠"，终无尤也。

【译白】《象传》说："以宫人宠"，最终没有什么过失。

【原文】上九，硕果不食^②，君子得舆^③，小人剥庐^④。

【译白】上九，硕大的果实没有被摘取吃掉，由君子摘取将能驱车济世，由小人摘取必致万户崩坏。

---

① 贯鱼以宫人宠：☶☷山地剥由☴☷风地观九五由阳转阴变化而来，原观卦上巽为鱼、为入，变为剥卦后上艮为宫门。六五君王失位，有宫人受宠弄权之象，其下六四、六三、六二、初六皆为鱼贯而入之宫人，故曰"贯鱼以宫人宠"。贯鱼，鱼贯，像鱼群一样一个接一个。

② 硕果不食：硕果喻指高高在上之上九。天地阴阳往复，阳气不可能被消灭，亡于上则生于下。因此山地剥☶☷象九月，十月为☷☷坤，又称为"阳月"，意为阳气将生。

③ 君子得舆：剥道之极，礼崩乐坏，则百姓又希望得到明君，因此拥戴君子，故曰"君子得舆"。

④ 小人剥庐：☶☷山地剥下一卦即为☳☷地雷复，为阳气亡于上而生于下之象，阳气又要自下而上消灭阴气，象征小人暂时得道，不久必将失道，故曰"小人剥庐"。

【原文】《象》曰："君子得舆"，民所载也。"小人剥庐"，终不可用也。

【译白】《象传》说："君子得舆"，是因为受到百姓的拥戴。"小人剥庐"是因为小人得道必不长久，最终仍将遭受灭顶之灾，不可任用。

䷗地雷复

【原文】复：亨。出入无疾①，朋来无咎。反复其道，七日来复②。利有攸往。

【译白】复卦象征回归：亨通。阳气从下面产生，逐渐向上运行，循序渐进，没有阻碍，志同道合的人前来相会，没有祸患。天地阴阳之道反复运行，若以六爻一爻作一天，将在第七天回归初位。利于前往行事。

【原文】《彖》曰：复"亨"，刚反③。动而以顺行，是以"出入无疾，朋来无咎""反复其道，七日来复"，天行也。"利有攸往"，刚长也。复，其见天地之心乎？

【译白】《彖传》说：复卦的"亨"，在于阳气回归，周

---

① 出入无疾：出入，谓生长。阳气生于下而长于上，入于内而出于外（六爻以下为内，以上为外）。疾，快速。阳气始生之时，其气至微，多受摧折，所以生长缓慢。同时也因其生长缓慢而无有加害之者，故曰"出入无疾"。
② 七日来复：若以六爻记日，一爻当一日，复卦初生之阳气将在第七日回归本位，故曰"七日来复"。
③ 反：通"返"，返回，回归。

而复始。阳气自下而上开始运动，顺从天地万物运行的规律，因此"出入无疾，朋来无咎""反复其道，七日来复"，说的就是天地万物运行的规律。"利有攸往"，是因为阳刚之气渐渐增长。这就是复卦之道，由此就可以察知天地生养万物的用心了吧？

【原文】《象》曰：雷在地中，复。先王以至日①闭关，商旅不行，后不省方。

【译白】《象传》说：复卦下震为雷，上坤为地，雷在地中，阳气重新从地下生出，这就是复卦的象征。古代圣王在冬至日和夏至日封闭关口，商人、旅客不能通行，君王也不巡视各地。

【原文】初九，不远复。无祗②悔，元吉。

【译白】初九，阳气刚刚回归，象征君子还没有开始施为。没有大的悔恨，大吉。

【原文】《象》曰："不远"之"复"，以修身也。

【译白】《象传》说："不远"之"复"，是说君子在教

---

① 至日：冬至日和夏至日。冬至日阳气初生，夏至日阴气初生。
② 祗（qí）：大的。

112

化别人之前要先修养自身。

【原文】六二，休复^①，吉。

【译白】六二，崇尚美德，亲近回归的君子，吉祥。

【原文】《象》曰："休复"之吉，以下仁也。

【译白】《象传》说："休复"的吉祥，在于六二能够向下亲近具备仁德的君子。

【原文】六三，频复^②，厉无咎。

【译白】六三，频繁犯错误，却又能频繁改正，虽然有危险，但最终没有大的灾祸。

【原文】《象》曰："频复"之"厉"，义无咎也。

【译白】《象传》说："频复"之"厉"，只要能改正过来，回归正道，就没有灾祸。

【原文】六四，中行独复。

---

① 休复：休，美好，良善。六二居下卦中位，虽为阴爻，却与初九相比邻，能亲近回归的君子，品德美好良善，故曰"休复"。
② 频复：六三居下卦上位，震为动，则六三为动之极，频繁变动，又频繁回归正道，故曰"频复"。

【译白】六四，位于众阴爻正中的位置，独自与初九相应，即将回归正道。

【原文】《象》曰："中行独复"，以从道也。

【译白】《象传》说："中行独复"，是因为遵从了阴阳衍化的规律，所以能够回归正道。

【原文】六五，敦复，无悔。

【译白】六五，敦厚忠实地回归正道，内心没有愧疚。

【原文】《象》曰："敦复，无悔"，中以自考也。

【译白】《象传》说："敦复，无悔"，是因为六五虽为阴爻，却能居中体顺（上坤为顺），反省自身的言行以完善自我。

【原文】上六，迷复①，凶，有灾眚②。用行师，终有大败。以其国，君凶，至于十年不克征。

【译白】上六，迷路不知回归正途，凶险，将有灾祸发生。此时如果兴兵作战，最终将有大败。若在此时治国理政，

---

① 迷复：上六以阴爻居复卦之终，终将迷而不复，故曰"迷复"。
② 眚（shěng）：灾祸。

必致国乱君凶，以至于十年不能出征取胜。

【原文】《象》曰："迷复"之凶，反君道也。

【译白】《象传》说："迷复"的凶险，是因为违背了君王正道。

䷘ 天雷无妄

【原文】无妄：元亨，利贞。其匪正，有眚，不利有攸往。

【译白】无妄卦象征不妄为：大为亨通，利于坚守正道。如果偏离正道，就会遭遇灾祸，不利于前往行事。

【原文】《彖》曰：无妄，刚自外来而为主于内。动而健，刚中而应，大亨以正，天之命也。"其匪正，有眚，不利有攸往"，无妄之往，何之矣？天命不佑，行矣哉！

【译白】《彖传》说：无妄卦下震上乾，初九阳爻由天地否初六阴爻变动而来，又为内卦（六爻卦下卦为内卦）震之主爻。下震为动，上乾为健，震动而乾健，九五阳爻居上卦中位，又与六二相应，无妄之道正大亨通，这就是天命。"其匪正，有眚，不利有攸往"，既然心无妄念，又要去往何处，追求何物呢（意为无妄之往，乃入于妄）？天命不予保佑，这样怎么能行呢？

【原文】《象》曰：天下雷行，物与①无妄。先王以茂对时②，育万物。

【译白】《象传》说：无妄卦下震为雷、上乾为天，天下雷行，上天为万物赋予本性，各正性命，无有差妄。古代的圣王以勤勉之心顺应天时，辅佐上天化育万物。

【原文】初九，无妄，往吉。

【译白】初九，只要不妄想妄动，前去行事就能获得吉祥。

【原文】《象》曰："无妄"之往，得志也。

【译白】《象传》说："无妄"地前往，志向就能得以实现。

【原文】六二，不耕获，不菑畬③，则利有攸往。

【译白】六二，不在耕种时急求收获，也不在垦荒初期急求它变为良田，不急功近利，就有利于前往行事。

---

① 与：施与，赐予，赋予。
② 以茂对时：以勤勉之心顺应天时。
③ 菑畬（zī yú）：菑，待开垦的荒地，或者初耕的田地。畬，被开垦、耕种过三年的良田。

【原文】《象》曰:"不耕获",未富也。

【译白】《象传》说:"不耕获",是说六二之志为追求财富。

【原文】六三,无妄之灾①,或系之牛②,行人之得,邑人之灾。

【译白】六三,不虚行妄为而遭受祸患,就好像有人把牛拴在路旁,路过的人顺手把牛牵走了,那么同村的人都要被怀疑为偷牛贼而蒙受不白之冤。

【原文】《象》曰:"行人"得牛,"邑人"灾也。

【译白】《象传》说:"行人"把牛牵走,"邑人"遭受祸患。意为即使自身没有过错,也会因为客观因素的巧合而惹上麻烦。

【原文】九四,可贞,无咎。

【译白】九四,可以坚守正道,没有灾祸。

---

① 无妄之灾:不虚行妄为却遇灾祸,即意外遭遇灾祸,平白无故遭受损害或牵连。无妄卦六三与上九相应,两爻互变,天雷无妄变成泽火革,革卦二至上互大坎为多眚,故曰"无妄之灾"。
② 或系之牛:无妄卦变为革卦后,下离为花牛,二至四互巽为绳、为入,离入互巽,有牛系于绳之象,故曰"或系之牛"。或,有人。

【原文】《象》曰："可贞，无咎"，固有之也。

【译白】《象传》说："可贞，无咎"，说明坚守正道的品质是其本身固有的。

【原文】九五，无妄之疾，勿药有喜。

【译白】九五，不妄想妄动却身染疾病，不用吃药便能自行痊愈。

【原文】《象》曰："无妄"之药，不可试也。

【译白】《象传》说："无妄"而被配给的药，是不可以随便尝试的。

【原文】上九，无妄行，有眚，无攸利。

【译白】上九，没有虚妄之行却遭受祸患，没有任何好处。

【原文】《象》曰："无妄"之行，穷之灾也。

【译白】《象传》说："无妄"的行动，是穷极无妄之道造成的，动即有患。

䷙山天大畜

【原文】大畜①：利贞，不家食②，吉。利涉大川。

【译白】大畜卦象征大有积蓄：利于坚守正道，贤者应该将自己积蓄的才能发挥在天下大事上，而不是隐居家中独善其身，这样就是吉祥的。利于渡河远行。

【原文】《彖》曰：大畜，刚健笃实辉光，日新其德，刚上而尚贤，能止健③，大正也。"不家食，吉"，养贤也。"利涉大川"，应乎天也。

【译白】《彖传》说：大畜卦下乾刚健，上艮笃实，三至上互大离为日，光辉灿烂，不断提高自己的道德修养，阳刚向上而崇尚贤人，又张弛有度，不过分刚强，这就是中正之道。"不家食，吉"，是因为国家能够养贤才。"利涉大川"，是因为顺应天道。

---

① 畜（xù）：积蓄。
② 家食：在家自谋生计。指贤者不受官禄，不贡献自己的济世之才。
③ 止健：大畜卦下乾为健、上艮为止，乾健上行，遇艮而止，谓不过分刚强。

【原文】《象》曰：天在山中，大畜。君子以多识①前贤往行②，以畜其德。

【译白】《象传》说：大畜卦下乾为天、上艮为山，天在山中，大有所蓄，这就是大畜卦的象征。君子观此卦象，应当多学多记古代圣贤的言行，以提高自己的品德修养。

【原文】初九，有厉③，利已④。

【译白】初九，君子前行将会遭遇艰难险阻，最好暂时止步。

【原文】《象》曰："有厉，利已"，不犯灾也。

【译白】《象传》说："有厉，利已"，是说君子行事之前一定会审时度势，不会贸然犯险而行。

【原文】九二，舆说輹⑤。

---

① 识（zhì）：记住。
② 前贤往行：指古圣先贤的言行。
③ 有厉：厉，危险。大畜卦初九与六四相应，两爻互变，山天大蓄变成火风鼎。鼎卦初至五互大坎为险，故曰"有厉"。
④ 已：停止。
⑤ 舆说（tuō）輹（fù）：车輹脱落。说，通"脱"，脱离，脱落。輹，车厢下面钩住车轴的木构件。

【译白】九二，车輹脱落，不能前进。

【原文】《象》曰："舆说輹"，中无尤也。

【译白】《象传》说："舆说輹"，是说九二居下卦中位，进退有度，能够自动停止前进，所以能保持中道，没有过失。

【原文】九三，良马逐，利艰贞。日闲舆卫^①，利有攸往。

【译白】九三，骏马追逐驰骋，但是贸然前进有陷入危险的可能，所以应当小心防范道路上的各种艰难险阻，并在逆境中坚守正道，这样才会安然无恙。只有娴熟地掌握驾车护卫的技术，才有利于前往行事。

【原文】《象》曰："利有攸往"，上合志也。

【译白】《象传》说："利有攸往"，是因为九三与上九志同道合。

---

① 日闲舆卫：闲，练习。整日演习驾车护卫的战术，比喻不敢懈怠，提前做好准备工作。

【原文】六四，童牛之牿①，元吉。

【译白】六四，事先在未长角的小母牛头上绑上一根横木，以防患于未然，大吉。

【原文】《象》曰：六四"元吉"，有喜也。

【译白】《象传》说：六四的"元吉"，在于未雨绸缪，为喜庆之事。

【原文】六五，豮豕②之牙，吉。

【译白】六五，为了制服长有獠牙的凶猛野猪，不从如何对付他的牙齿入手，而是避其锋芒，击其要害，将它阉割。这样就可以去除它的凶性，使它变得温顺，吉祥。

【原文】《象》曰：六五之"吉"，有庆也。

【译白】《象传》说：六五的"吉"，是因为能够从根本上解决问题，值得庆幸。

---

① 童牛之牿（gù）：童牛，即牛犊。牿，绑在牛角上的横木，使牛无法用角抵穿牛圈的围栏。六四与初九相应，两爻互变，山天大蓄成火风鼎，鼎卦下巽为木、为绳，二至四互乾伏坤为子母牛，即小母牛。小母牛头上未长角而先绑横木，是为了防患于未然，故曰"童牛之牿"。
② 豮豕（fén shǐ）：阉割过的猪。

【原文】上九，何天之衢^①，亨。

【译白】上九，承载着上天的庇荫，亨通。

【原文】《象》曰："何天之衢"，道大行也。

【译白】《象传》说："何天之衢"，是说经过长时间的畜养，天道已经畅通无阻了。

---

① 何（hè）天之衢（xiū）：何，通"荷"，肩负，承载。衢，庇荫。承载着上天的庇荫。参见高亨先生《周易大传今注》。

䷚山雷颐

【原文】颐：贞吉。观颐，自求口实。

【译白】颐卦象征颐养：占问的结果是吉祥的。仔细观察颐卦的卦象，就能领悟自力更生、谋食养身之道。

【原文】《彖》曰：颐"贞吉"，养正则吉也。"观颐"，观其所养也。"自求口实"，观其自养也。天地养万物，圣人养贤以及万民。颐之时大矣哉！

【译白】《彖传》说：颐卦"贞吉"，是因为保养适宜，自然吉祥。"观颐"，是说观察保养的情况。"自求口实"，是说自我保养的情况。天地生养万物，圣王供养贤能之人，教养万民。颐卦与时偕行的意义真的很大啊！

【原文】《象》曰：山下有雷，颐。君子以慎言语，节饮食。

【译白】《象传》说：颐卦下震为雷、为动，上艮为山、为止，山下有雷，这就是颐卦的象征。君子观此卦象，应当谨慎说话，节制饮食。

【原文】初九，舍尔灵龟^①，观我朵颐，凶。

【译白】初九，舍弃你灵龟般的聪明才智，看我鼓动两腮大口进食，凶险。

【原文】《象》曰："观我朵颐"，亦不足贵也。

【译白】《象传》说："观我朵颐"，是说初九虽然重视对身体的保养，但忽略了无形的智慧，并不值得推崇。

【原文】六二，颠颐^②，拂经于丘颐^③，征凶。

【译白】六二，或者反过来向下属乞求食物以获得奉养；或者违背常理，向关系疏远的上司乞食，前进的途中必然遭遇凶险。

【原文】《象》曰：六二"征凶"，行失类^④也。

① 灵龟：龟能咽息不食，故以"灵龟"喻指人有大智慧，能不求养于外。
② 颠颐：六二居下卦中位，阴柔不能自养，若求养于初九之阳爻，则是次序颠倒，故曰"颠颐"。
③ 拂经于丘颐：弗，违逆。经，常道。丘为在外而高之处，谓上九。上九与六二不相应，而六二求养于上九，则违背常理，故曰"拂经于丘颐"。
④ 类：事例，条例。此指应当遵从的行事法则。

126

【译白】《象传》说：六二"征凶"，是因为行动违背了待人接物的准则。

【原文】六三，拂颐，贞凶。十年勿用，无攸利。

【译白】六三，违背颐卦之道，仍然到处寻求食物以满足口腹之欲，结果必然凶险。即使耗费十年也得不到适宜的颐养，一点儿好处也没有。

【原文】《象》曰："十年勿用"，道大悖也。

【译白】《象传》说："十年勿用"，是因为严重违背了颐卦之道。

【原文】六四，颠颐，吉。虎视眈眈^①，其欲逐逐，无咎。

【译白】六四，反过来向下属乞求食物以获得奉养，吉祥（与六二相较，六四与初九相应，因此得吉）。就像老虎扑食那样，虎视眈眈，孜孜以求，自然没有什么灾祸。

【原文】《象》曰："颠颐"之"吉"，上施光也。

---

① 眈（dān）眈：垂目注视。

【译白】《象传》说："颠颐"之"吉"，是因为六四相较于初九居于上位，且与初九相应。居上位者虽取之于民，但又能用之于民，这就是自上而下施行的光明的恩德。

【原文】六五，拂经，居贞吉，不可涉大川。

【译白】六五，违背颐卦之道，坚守正道可获吉祥，但不能渡过大河。

【原文】《象》曰："居贞"之吉，顺以从上也。

【译白】《象传》说："居贞"的吉祥，是因为六五以阴柔处君位，却能顺从上九这个有阳刚之美的贤者。

【原文】上九，由颐①，厉吉。利涉大川。

【译白】上九，百姓依靠贤臣治国有方，因此才能衣食富足。身负国家大任的贤臣必须小心谨慎，防范危险，才能获得吉祥。利于渡河跨险。

---

① 由颐：由，凭借，依靠。六五处君位，阴柔不能自养，而求于上九之贤臣。依靠上九贤臣的辅佐，国家才能大治，百姓才能衣食富足，故曰"由颐"。

【原文】《象》曰："由颐，厉吉"，大有庆也。

【译白】《象传》说："由颐，厉吉"，是说天下大治，百姓安居乐业，因此普天同庆。

䷛泽风大过

【原文】大过：栋桡^①，利有攸往，亨。

【译白】大过卦象征极为过分：如房梁负重弯曲，利于前往行事，亨通。

【原文】《彖》曰：大过，大者过也。"栋桡"本末弱也。刚过而中，巽而说^②行。"利有攸往"乃"亨"。大过之时大矣哉！

【译白】《彖传》说：大过卦中，"大"指"阳"，意思是阳刚过于强盛。"栋桡"是因为本末都软弱。阳刚过于强盛，又积聚在中间，下巽谦逊，上兑喜悦，"利有攸往"，所以"亨通"。大过卦的与时偕行的意义真的很伟大啊！

---

① 栋桡（náo）：栋，房屋的正梁。桡，通"挠"，弯曲，扭曲。房梁脆弱曲折。大过卦下巽为木，上兑为折毁，初至上互大坎为矫轮，有加工木材，使之弯曲之象，故曰"栋桡"。
② 说（yuè）：同"悦"，喜悦。

【原文】《象》曰：泽灭①木，大过。君子以独立不惧，遁世无闷。

【译白】《象传》说：大过卦下巽为木，上兑为泽，大泽淹没树木，这就是大过卦的象征。君子观此卦象，应当保持高洁的情操：进可遗世独立，不因旁人的非议而忧惧；退可避世隐居，不为自己的失意而烦闷。

【原文】初六，藉用白茅②，无咎。

【译白】初六，放置器物时先铺上一层白茅草垫子，小心行事就没有祸患。

【原文】《象》曰："藉用白茅"，柔在下也。

【译白】《象传》说："藉用白茅"，是说阴爻在下，衬垫阳爻。

---

① 灭：淹没。
② 藉（jiè）用白茅：藉，铺垫，衬垫。初六以阴柔居下位，衬托中间四阳爻，象征铺在地上的白茅草垫子，保护珍贵的器物免受损坏，形容做事慎之又慎。

【原文】九二，枯杨生稊^①，老夫得其女妻^②，无不利。

【译白】九二，枯萎的杨树抽出新的枝叶，年老的男子迎娶年轻的妻子，没有什么不利的。

【原文】《象》曰："老夫""女妻"，过以相与也。

【译白】《象传》说："老夫""女妻"，虽然与常理有些不合，但是六二与初九相互比邻，刚柔并济，他们相处得还是很亲密的。

【原文】九三，栋桡，凶。

【译白】九三，房梁负重弯曲，即将断裂，凶险。

【原文】《象》曰："栋桡"之"凶"，不可以有辅也。

【译白】《象传》说："栋桡"之"凶"，在于九三过分刚强，以至于上下都是阳爻，而没有比邻的阴爻来辅助支持。

【原文】九四，栋隆吉，有它吝。

---

① 枯杨生稊（tí）：稊，植物的嫩芽，特指杨柳新生的枝叶。杨树为阳气易感之物，阳气过盛则杨树枯萎，枯萎后又发新枝，说明阳气虽然过盛，但还没有到达穷极之处。

② 老夫得其女妻：大过卦二至四互乾为老夫，下巽为入，上兑为少女，互乾入上兑，故曰"老夫得其女妻"。

【译白】九四，房梁向上隆起，足堪负重，吉祥，但是可能有意外的危险。

【原文】《象》曰："栋隆"之"吉"，不桡乎下也。

【译白】《象传》说："栋隆"之"吉"，在于房梁不向下弯曲。

【原文】九五，枯杨生华①，老妇得其士夫②，无咎无誉。

【译白】九五，枯萎的杨树开出新的花朵，年老色衰的女子嫁给年轻力壮的男子，虽然没有什么灾祸，但也不值得赞誉。

【原文】《象》曰："枯杨生华"，何可久也！"老妇""士夫"，亦可丑也！

【译白】《象传》说："枯杨生华"，怎么能够长久呢？"老妇""士夫"，虽没有什么大过失，也是丢人现眼的事情。

---

① 华（huā）：同"花"，花朵。
② 老妇得其士夫：士夫指青年男子。大过卦下巽为老妇、为入，上震为士夫、为动，巽入震动，故曰"老妇得其士夫"。

【原文】上六，过涉灭顶，凶。无咎。

【译白】上六，涉水过河时，河水没过了头顶，凶险。最终没有灾祸。

【原文】《象》曰："过涉"之"凶"，不可咎也。

【译白】《象传》说："过涉"之"凶"，是由自己坚持渡河造成的，理应无所怨怼。

䷜ 坎为水

【原文】习坎①：有孚维心，亨，行有尚②。

【译白】六爻坎卦由两个三爻坎卦重叠在一起组成，被称为"习坎"，象征在重重危险中保持诚信而坚定的信念：维系心中的志愿，坚守自己的本心，亨通，与时偕行就能够被崇尚。

【原文】《象》曰：习坎，重险也。水流而不盈，行险而不失其信。"维心，亨"，乃以刚中也。"行有尚"，往有功也。天险，不可升也；地险，山川丘陵也。王公设险以守其国，坎之时用大矣哉！

【译白】《象传》说：习坎预示重重危险。水流不止，永不盈满，象征君子在艰难中前进，却丝毫不失诚信之心。"维心，亨"，是因为阳爻处于中位，刚健而中正。"行有尚"，是说继续前行一定会有功劳。天之险，在于不可飞升；地之险，在于山川丘陵。王公设置各处关口要塞，用来保卫国家。

---

① 习坎：习，通"袭"，重复，重叠。两个坎卦重叠在一起。
② 尚：崇尚，嘉尚。

坎卦与时偕行的意义真重大啊！

【原文】《象》曰：水洊①至，习坎。君子以常德行，习②教事。

【译白】《象传》说：水流相继而至，这就是习坎卦的象征。君子观此卦象，应当恒常地守护道德品行，不断熟习教化民众的事业。

【原文】初六，习坎，入于坎窞③，凶。

【译白】初六，置身于重重艰难之中，犹如坠落深坑，凶险。

【原文】《象》曰："习坎"入坎，失道凶也。

【译白】《象传》说："习坎"坠落深坑，是因为偏离了正道，落入了陷阱，才导致凶险。

【原文】九二，坎有险，求小得。

【译白】九二，坠落深坑之中面临危险，从小处谋求脱险

---

① 洊（jiàn）：一次又一次，接连不断。
② 习：教习，训练。
③ 坎窞（dàn）：深坑，比喻险境。

必有所得。

【原文】《象》曰："求小得"，未出中也。

【译白】《象传》说："求小得"，是因为九二阳爻处于下坎中位，说明此时尚未脱险。

【原文】六三，来之坎坎，险且枕①。入于坎窞，勿用。

【译白】六三，渡过一道艰险又有新的艰险，重重危险不断逼近。在险境中妄动将会招致新的危险，所以不可轻举妄动。

【原文】《象》曰："来之坎坎"，终无功也。

【译白】《象传》说："来之坎坎"，是说无谓的行动即使坚持下去也徒劳无功。

【原文】六四，樽酒，簋二，用缶②，纳约自牖③，终无咎。

---

① 枕：邻近，靠近。
② 樽酒，簋（guǐ）二，用缶：樽，酒杯。簋，盛饭食的器皿。缶，亦是盛酒食的容器。六四以阴柔居于近君之位，象征臣子处于险境，只有向君王表明诚意才能转危为安，因此端着酒食进献。
③ 纳约自牖（yǒu）：纳约，意为待人接物之道，此指臣子进结于君。牖，窗户，引申为开通、通达。

【译白】六四，一樽酒，两簋饭，用缶盛着进献给君王，以至诚之意开明君心，最终没有灾祸。

【原文】《象》曰："樽酒簋贰"，刚柔际也。

【译白】《象传》说："樽酒簋贰"，是说臣子在险境中能够向君王献上忠心，六四之臣与九五之君阴阳相交，刚柔相济，所以最终没有灾祸。

【原文】九五，坎不盈，祇①既平，无咎。

【译白】九五，河水还没有盈满，水中的小丘就已经被冲刷成平地了，继续行进则没有灾祸。

【原文】《象》曰："坎不盈"，中未大也。

【译白】《象传》说："坎不盈"，是说九五以阳刚居于中位，但下无所应，上下皆险，中正之道尚不能光大。

【原文】上六，系用徽纆②，置于丛棘，三岁不得，凶。

【译白】上六，被绳索牢牢捆缚，囚禁在丛生的荆棘之

---

① 祇（chí）：通"坻"字，意为水中的小丘。习坎卦三至五互艮为山、为小石，喻为小丘。
② 徽纆（mò）：古时系缚罪犯的刑具。三股曰"徽"，两股曰"纆"。

中，三年都不得解脱，十分凶险。

【原文】《象》曰：上六失道，凶"三岁"也。

【译白】《象传》说：上六以阴柔处于穷凶极险之地，有失正道，所以罹祸"三岁"。

䷝离为火

【原文】离：利贞，亨。畜牝牛①吉。

【译白】离卦象征附着于光明：利于坚守正道，亨通。畜养小母牛，吉祥。

【原文】《彖》曰：离，丽②也。日月丽乎天，百谷草木丽乎土。重明③以丽乎正，乃化成天下。柔丽乎中正，故"亨"，是以"畜牝牛吉"也。

【译白】《彖传》说：离卦的意思是附丽。日月附丽于上天，百谷草木附丽于大地。光明万丈附丽于正道，于是化育成天下万物。阴柔附丽于中正之道，所以"亨"。因此"畜牝牛吉"。

---

① 畜牝（pìn）牛：牝，母。上下两离都为花牛，六二与六五变，离卦成乾卦，乾伏坤为子母牛，即小母牛。指蓄养小母牛。
② 丽：附丽，依附。
③ 重明：离为火、为日、为明，两离重叠，光明更甚，故曰"重明"。

【原文】《象》曰：明两作①，离。大人以继明照于四方。

【译白】《象传》说："光明再度兴起，犹如日落而升，这就是离卦的象征。有权势的大人观此卦象，应当效仿太阳，以光辉的品德照耀四方。

【原文】初九，履错然②，敬之无咎③。

【译白】初九，行事保持谨慎小心的态度，心怀敬意，没有灾祸。

【原文】《象》曰："履错"之"敬"，以辟④咎也。

【译白】《象传》说："履错"之"敬"，是为了避免灾祸。

【原文】六二，黄离⑤，元吉。

---

① 作：兴起。
② 错然：谨慎小心的样子。
③ 敬之无咎：离卦初至四互四爻风火家人，家人卦下离为中女，上巽为长女，中女敬长女，家庭和睦，故曰"敬之无咎"。
④ 辟（bì）：通"避"，避免。
⑤ 黄离：六二变，下离变为乾，上离为日，下乾为天，三至五互兑为西山，太阳在西山上将要落下，此时正是黄昏时分，故曰"黄离"。

【译白】六二，黄昏时分，日薄西山，余晖遍地，大吉大利。

【原文】《象》曰："黄离，元吉"，得中道也。

【译白】《象传》说："黄离，元吉"，是因为六二处于中正之位，并且黄色于五行居中，因此大吉大利。

【原文】九三，日昃^①之离。不鼓缶^②而歌，则大耋^③之嗟，凶。

【译白】九三，夕阳西下，好比人生大限将至。这时如果不欢快地敲起乐器引吭高歌，就说明心存青春易逝、追悔莫及的叹息，凶险。

【原文】《象》曰："日昃之离"，何可久也！

【译白】《象传》说："日昃之离"，人生余下的时间不多了！

---

① 昃（zè）：太阳西斜。
② 缶：陶制乐器，形似瓦罐，敲击发声。
③ 大耋（dié）：耋，七八十岁。指上了年纪的老人。

【原文】九四，突如其来如①。焚如，死如，弃如。

【译白】九四，处位不中不正，好似突如其来。以阳刚之臣承六五阴柔之君，气焰炽盛则必遭祸害致死，违逆朝纲则必遭弃绝。

【原文】《象》曰："突如其来如"，无所容也。

【译白】《象传》说："突如其来如"，是说六四爻背道失德，为天下所不容。

【原文】六五，出涕②沱若③，戚嗟若。吉。

【译白】六五，眼泪像大雨一样滂沱而下，不停地忧愁感叹。居安思危到了这种程度，结果一定吉祥。

【原文】《象》曰：六五之吉，离王公也。

【译白】《象传》说：六五的吉祥，在于附丽于君王正位。

---

① 突如其来如：指九四爻好似突如其来。离卦之义，光明相继，下离继承上离之光明，然九四横于九三与六五之间，其位不中不正，有所妨害，故曰"突如其来如"。

② 涕：眼泪。

③ 出涕沱若：沱若，形容泪水如大雨滂沱。泪流满面。

【原文】上九，王用出征，用嘉折首，获匪其丑①，无咎。

【译白】上九，君王兴兵出征，斩去敌人的首级，建立丰功伟绩，俘获不愿归附的异己，则没有灾祸。

【原文】《象》曰："王用出征"，以正邦也。

【译白】《象传》说："王用出征"，是为了安邦定国，而不是兴无义之兵。

---

① 获匪（fēi）其丑：匪，通"非"。丑，类。俘获异己。

下经
XIA JING

䷞泽山咸

【原文】咸：亨，利贞。取①女吉。

【译白】咸卦象征感应：亨通，利于坚守正道。娶妻吉祥。

【原文】《彖》曰：咸，感也。柔上而刚下，二气感应以相与，止而说②，男下女，是以"亨，利贞。取女吉"也。天地感而万物化生，圣人感人心而天下和平。观其所感，而天地万物之情可见矣。

【译白】《彖传》说：咸，意思是感应。上兑阴柔，下艮阳刚，阴阳二气互相感应，刚柔并济。下艮为止，上兑为悦，节止而喜悦。下艮为男，上兑为女，男方屈就于女方，因此"亨，利贞。取女吉"。天地交感而万物化生，圣人感化人心而天下太平。观察事物之间相互感应的状况，就可以了解天地万物的情况了。

---

① 取：通"娶"，娶妻。
② 说（yuè）：同"悦"，喜悦。

【原文】《象》曰：山上有泽，咸。君子以虚受人。

【译白】《象传》说：咸卦下艮为山，上兑为泽，山上有泽，这就是咸卦的象征。君子观此卦象，应当以虚怀若谷的心态来对待众人。

【原文】初六，咸其拇。

【译白】初六，脚的拇指隐约有所感应。

【原文】《象》曰："咸其拇"，志在外也。

【译白】《象传》说："咸其拇"，是说内卦初六与外卦九四相应，说明志气表现在外面。

【原文】六二，咸其腓^①，凶；居吉。

【译白】六二，小腿的肌肉有所感应，急躁妄动，可能有所凶险；但是如果能居静勿动，就能逢凶化吉。

【原文】《象》曰：虽"凶，居吉"，顺不害也。

【译白】《象传》说：虽然"凶，居吉"，但只要顺应天时，安静自守，便可以避免祸患。

---

① 腓（féi）：胫骨后面的肉，即小腿肚。此指腿部的肌肉运动，象征人急躁妄动。

【原文】九三，咸其股①，执其随，往吝。

【译白】九三，大腿有所感应，却不由自主，只能跟随人身而动，随波逐流地前进恐怕将有艰险。

【原文】《象》曰："咸其股"，亦不处也。志在随人，所执下也。

【译白】《象传》说："咸其股"，是说九三像六二一样，也不能居安处静。虽然有阳刚之质，却不能自主，只知道追随他人，所持守的原则也太卑下了。

【原文】九四，贞吉，悔亡。憧憧②往来，朋从尔思。

【译白】九四，内心保持贞正，就可以获得吉祥，心中的悔恨就会消亡。心意不定，频频往来，朋友就会被你的心意感动，顺从你的意愿。

【原文】《象》曰："贞吉，悔亡"，未感害也；"憧憧往来"，未光大也。

---

① 股：大腿。股在足之上，身之下，不能自由行动，只能随身而动。象征九三居下卦之上位，与上六相感应而动。
② 憧（chōng）憧：形容心意不定的样子。

【译白】《象传》说:"贞吉,悔亡",是说没有因私心相感而遭受祸害。"憧憧往来",是说私心相感不能遍及天下,这一行径不够光明宏大。

【原文】九五,咸其脢^①,无悔。

【译白】九五,脊背的肌肉有所感应,君王以一人之心感于天下,没有悔恨。

【原文】《象》曰:"咸其脢",志末也。

【译白】《象传》说:"咸其脢",是说九五感于天下,而不独与六二相感应,说明个人志向浅薄。

【原文】上六,咸其辅^②颊舌。

【译白】上六,颊骨、脸颊、舌头有所感应。

---

① 咸其脢(méi):脢,背部脊柱两旁的肌肉群。脢在人心背面,能与自身之私心相背,并且不为人所见,意为即使不与人往来,也能有所感应,即感于天下。九五以阳刚居君位,能以一人之心感于天下,所以无悔。
② 辅:嘴旁边的颊骨。

【原文】《象》曰："咸其辅颊舌"，滕口说①也。

【译白】《象传》说："咸其辅颊舌"，是说只是在玩弄唇舌而已，不能有感于人。

---

① 滕口说（yuè）：滕口，开口说话。说，同"悦"，喜悦。扬扬得意，不知所言。咸卦上兑为口、为悦，上六以阴柔居咸卦之极，有得意忘形之态，故曰"滕口说"。

䷟雷风恒

【原文】恒：亨，无咎，利贞。利有攸往。

【译白】恒卦象征恒久：亨通，没有灾祸，利于坚守正道。利于前往行事。

【原文】《彖》曰：恒，久也。刚上而柔下，雷风相与，巽而动；刚柔皆应，恒。"恒：亨，无咎，利贞"，久于其道也。天地之道，恒久而不已也。"利有攸往"，终则有^①始也。日月得天而能久照，四时变化而能久成。圣人久于其道，而天下化成。观其所恒，而天地万物之情可见矣。

【译白】《彖传》说：恒，意思就是恒久。上震为雷、为动，下巽为风、为入，阳刚在上，阴柔在下，雷风相击，巽入而震动；三阴爻和三阳爻全部相应，阴阳相济而能长久，这就是恒卦的象征。"恒：亨，无咎，利贞"，是因为始终坚守正道。天地之道，恒久运行，永无止息。"利有攸往"，是因

---

① 有（yòu）：通"又"，表示重复或继续。

为万物变化终而复始。日月有了天的承载才能长久照耀万物，四季因循天地运转才能长久而有条不紊。圣人长久助行天地造化，天下万物才能化育成形。观察事物长久变化的道理，就可以了解天地万物的情况了。

【原文】《象》曰：雷风，恒。君子以立不易方①。

【译白】《象传》说：恒卦上震为雷，下巽为风，雷风并作，这就是恒卦的象征。君子观此卦象，应当自尊自立，不改变为人处事的原则。

【原文】初六，浚②恒，贞凶，无攸利。

【译白】初六，向挖掘河道一样刨根问底地深入追求恒常之道，占问的结果是凶险，没有什么好处。

【原文】《象》曰："浚恒"之凶，始求深也。

【译白】《象传》说："浚恒"的凶险，是因为一开始就追求深入。

【原文】九二，悔亡。

---

① 易方：易，改变。方，道理，原则。改变原则。
② 浚：挖掘河道，疏通河水。

【译白】九二，灾祸消失。

【原文】《象》曰：九二"悔亡"，能久中也。

【译白】《象传》说：九二能够"悔亡"，是因为能长久地守持中道。

【原文】九三，不恒其德，或承之羞。贞吝。

【译白】九三，不能长久地保持美好的品德，就可能蒙受他人的羞辱。占问的结果是有麻烦。

【原文】《象》曰："不恒其德"，无所容也。

【译白】《象传》说："不恒其德"，是说不安分守己，没有恒心，因此落得无处容身的下场。

【原文】九四，田①无禽。

【译白】九四，狩猎没有收获猎物。

【原文】《象》曰：久非其位，安得禽也？

【译白】《象传》说：长久地处于不正当的位置上，怎么

────────

① 田：狩猎。

可能收获猎物呢?

【原文】六五，恒其德。贞，妇人吉，夫子^①凶。

【译白】六五，长久地保持美好的品德。占问的结果是女人吉祥，男人凶险。

【原文】《象》曰:"妇人"贞吉，从一而终也。"夫子"制义^②，从妇凶也。

【译白】《象传》说:"妇女"占问吉祥，是因为六五以阴柔应于九二，象征女子能够顺从丈夫，从一而终。而"夫子"应该裁制事宜，一味顺从女子就有凶险。

【原文】上六，振^③恒，凶。

【译白】上六，以震动不安作为恒常的原则，凶险。

【原文】《象》曰:"振恒"在上，大无功也。

【译白】《象传》说:"振恒"处于恒卦最上之极位，摇摆不定，不能坚守正道，终将一事无成。

---

① 夫子:古时对男子的尊称。
② 制义:裁制事宜。
③ 振:通"震"，震动。

䷠天山遁

【原文】遁：亨，小利贞。

【译白】遁卦象征退隐：亨通，占问的结果是稍有利。

【原文】《彖》曰：遁"亨"，遁而亨也。刚当位而应，与时行也。"小利贞"，浸而长①也。遁之时义大矣哉！

【译白】《彖传》说：遁卦亨通，是因为有所退隐。九五阳爻位置正当，又与六二阴爻相应，顺应天时，协调前进。"小利贞"，是因为事物正处于逐渐成长的状态。遁卦与时偕行的意义真大啊！

【原文】《象》曰：天下有山，遁。君子以远小人，不恶②而严。

【译白】《象传》说：上乾为天，下艮为山，天下有山，

---

① 浸而长：浸，逐渐。逐渐成长。遁卦下艮为少年，上震为君子，有少年逐渐成长为君子之象，故曰"浸而长"。
② 恶（wù）：厌恶，憎恶。

这就是遁卦的象征。君子观此卦象，应当疏远小人，不是对小人充满憎恶，而是用庄重威严的仪态让小人自动敬而远之。

【原文】初六，遁尾①，厉，勿用有攸往。

【译白】初六，想要退隐却落在了后面，危险，不要前往行事。

【原文】《象》曰："遁尾"之"厉"，不往何灾也？

【译白】《象传》说："遁尾"之"厉"，不继续前行还会有什么灾祸呢？

【原文】六二，执②之用黄牛之革，莫之胜说③。

【译白】六二，用由黄牛皮拧成的绳子把人绑起来，没人能成功逃脱。

【原文】《象》曰：执"用黄牛"，固志也。

【译白】《象传》说："用黄牛（之革）"捆绑，是说坚定自己的志向，坚决不动摇。

---

① 尾：末尾，后面。其他卦以下为初，而遁卦取退隐之意，故以下为尾。

② 执：捆绑，系缚。

③ 说（tuō）：通"脱"，解脱，逃脱。

【原文】九三，系遁①，有疾厉。畜臣妾②吉。

【译白】九三，由于受到牵系而不能果断退隐，马上就会遭遇危险。在这种状况下，畜养男女仆从是吉祥的。

【原文】《象》曰："系遁"之厉，有疾惫③也。"畜臣妾吉"，不可大事也。

【译白】《象传》说："系遁"的危险，在于已经处于极端困顿的状态。"畜臣妾吉"，是说此时不宜有大的行动。

【原文】九四，好④遁，君子吉，小人否⑤。

【译白】九四，喜欢退隐，君子因此而获得吉祥，但小人将因此而困穷。

【原文】《象》曰：君子好遁，小人否也。

【译白】《象传》说：君子喜好遁隐，小人则不能做到。

---

① 系遁：九三阳爻与六二阴爻互相比邻，阴阳相合，因此互相牵系。退隐时有所牵系，则不利于行。
② 臣妾：男仆为臣，女仆为妾。指地位卑贱的男女。
③ 惫：疲乏，困顿。
④ 好：喜爱。
⑤ 否（pǐ）：指事情坏到了极点。

【原文】九五，嘉遁^①，贞吉。

【译白】九五，能够进退自如地隐退避让，占问的结果是吉祥。

【原文】《象》曰："嘉遁，贞吉"，以正志也。

【译白】《象传》说："嘉遁，贞吉"，是说君子要端正自己的志向。

【原文】上九，肥遁^②，无不利。

【译白】上九，高飞远举般避世隐居，没有什么不利。

【原文】《象》曰："肥遁，无不利"，无所疑也。

【译白】《象传》说："肥遁，无不利"，是因为没有过多的牵挂和疑虑。

---

① 嘉遁：嘉，美好的，值得称赞的。九五以阳刚处于君位，位置中正，且与六二相应，象征内外相合，动止有度，故曰"嘉遁"。
② 肥遁：肥，通"蜚"，即"飞"。这里是以"飞遁"来比喻上九有高飞远举、超然远遁之象。

䷡雷天大壮

【原文】大壮：利贞。

【译白】大壮卦象征事物的态势强盛：利于占问。

【原文】《彖》曰：大壮，大者壮也。刚以动，故壮。大壮"利贞"，大者正也。正大而天地之情可见矣。

【译白】《彖传》说：大壮卦象征事物发展壮大。下乾阳刚，上震健动，阳刚而健动，所以称为"大壮"。大壮卦"利贞"，是因为强大而坚守正道。既贞正又强大，由此就可以了解天地的情况了。

【原文】《象》曰：雷在天上，大壮。君子以非礼弗履。

【译白】《象传》说：下乾为天，上震为雷，雷在天上，响彻四方，这就是大壮卦的象征。君子观此卦象，应当约束自己，不践行非礼之事。

【原文】初九，壮于趾，征凶，有孚。

【译白】初九，脚趾率先强壮起来，跃跃欲试，行动必然有一定的凶险，走路的人应当心怀诚信之德。

【原文】《象》曰："壮于趾"，其"孚"穷也。

【译白】《象传》说："壮于趾"，可见此时虽然满怀诚信之德，但一定处于穷困的状态之下。

【原文】九二，贞吉。

【译白】九二，占问的结果是吉祥。

【原文】《象》曰：九二"贞吉"，以中也。

【译白】《象传》说：九二"贞吉"，是因为九二处于下卦中位，不失中道。

【原文】九三，小人用壮，君子用罔^①。贞厉。羝羊^②触藩，羸^③其角。

【译白】九三，小人好勇斗狠，只会用蛮力取胜；而君子刚柔得中，不卑不亢，将困难消弭于无形。占问的结果是凶

---

① 罔（wú）：通"无"。指君子以阳刚之态藐视困难而百无禁忌。
② 羝（dī）羊：公羊。公羊角壮，好斗。
③ 羸（léi）：通"累"，缠绕，困住。

险。如果像强壮的公羊那样用角顶撞篱笆，只会把角困在篱笆中，进退两难。

【原文】《象》曰："小人用壮"，君子罔也。

【译白】《象传》说："小人用壮"，而君子诸事无碍。

【原文】九四，贞吉，悔亡。藩决^①不羸，壮于大舆之輹。

【译白】九四，占问吉祥，没有悔恨。公羊将篱笆撞断，角没有困在篱笆上，强壮到这种程度，犹如大车的车輹，能够负重远行。

【原文】《象》曰："藩决不羸"，尚往也。

【译白】《象传》说："藩决不羸"，意思是鼓励君子勇往直前，积极进取。

【原文】六五，丧羊于易^②，无悔。

【译白】六五，在田畔失去公羊，没有悔恨。

---

① 决：断裂，折断。
② 易：通"埸（yì）"，田间的界限，即田畔。

【原文】《象》曰："丧羊于易"，位不当也。

【译白】《象传》说："丧羊于易"，是因为六五所处的位置不当。

【原文】上六，羝羊触藩，不能退，不能遂①。无攸利，艰则吉。

【译白】上六，公羊顶撞篱笆，羊角被篱笆钩住，既不能后退，也不能前进。没有什么好处，但是艰难过去就会有吉祥到来。

【原文】《象》曰："不能退，不能遂"，不详②也。"艰则吉"，咎不长也。

【译白】《象传》说："不能退，不能遂"，是因为行事不够周密谨慎。"艰则吉"，说明灾祸不会长久。

---

① 遂：前行，前往。
② 详：行事周密谨慎。

䷢火地晋

【原文】晋：康①侯用锡②马蕃庶③，昼日三接。

【译白】晋卦象征晋升：治民有方的诸侯得到君王的赏赐，不仅赐给他许多马匹，还在一天之内多次接见他。

【原文】《彖》曰：晋，进也。明出地上，顺而丽乎大明。柔进而上行，是以"康侯用锡马蕃庶，昼日三接"也。

【译白】《彖传》说：晋卦的意思就是上进。下坤为地、为顺，上离为日、为明，太阳从地平线上升起，大地顺从而附丽于太阳的光明。阴爻渐渐上行，因此"康侯用锡马蕃庶，昼日三接"。

【原文】《象》曰："明出地上"，晋。君子以自昭明德。

---

① 康：治安井井有条，百姓安居乐业。东汉蔡邕《独断》曰："安乐治民曰'康'。"
② 锡（cì）：通"赐"，赏赐，恩赐。
③ 蕃（fán）庶：繁盛，众多。

【译白】《象传》说："明出地上"，这就是晋卦的象征。君子观此卦象，应当充分展现自己光明正大的品德。

【原文】初六，晋如摧如①，贞吉。罔孚②，裕无咎。

【译白】初六，刚开始上进就受到摧折，只要坚守正道就可以获得吉祥。虽然不受大家信任，但只要从容行事，宽裕待时，就没有灾祸。

【原文】《象》曰："晋如摧如"，独行正也。"裕无咎"，未受命也。

【译白】《象传》说："晋如摧如"，是说初六爻独行正道。"裕无咎"，是因为还没有被赋予使命。

【原文】六二，晋如愁如③，贞吉。受兹介福，于其王母④。

---

① 晋如摧如：初六与九四相应，初六欲向九四靠近，却被六二、六三阻隔，故曰"晋如摧如"。
② 罔（wú）孚：罔，通"无"，没有，不。孚，诚信。不受信任。
③ 晋如愁如：六二与六五不相应，谓六二上进无应援之人，因此忧愁，故曰"晋如愁如"。
④ 受兹介福，于其王母：六二与六五虽然不相应，但都居于中位，不失中道。六五以阴柔居于尊位，象征王母。若六二始终安贞守正，则必定得王母赐福，故曰"受兹介福，于其王母"。

【译白】六二，上进时充满忧愁，但只要坚守正道就可以获得吉祥。如果始终安贞守正，一定会被王母赐予极大的福分。

【原文】《象》曰："受兹介福"，以中正也。

【译白】《象传》说："受兹介福"，是因为六二处于中正的位置，不失中正之道。

【原文】六三，众允，悔亡。

【译白】六三，得到了众人的认可和赞同，悔恨就会消失。

【原文】《象》曰："众允"之志，上行也。

【译白】《象传》说："众允"的志向，在于上进。

【原文】九四，晋如鼫鼠①，贞厉。

【译白】九四，上进却如同五技鼠那样，本领多但无一精

---

① 晋如鼫（shí）鼠：鼫鼠，古书上指飞鼠一类的动物，又称"五技鼠"，能飞但不能飞上屋顶，能爬树但不能爬到树梢，能游泳但不能渡过河流，能挖洞但挖的洞不能藏身，能奔跑但不能比人快，故荀子《劝学篇》曰："螣蛇无足而飞，鼫鼠五技而穷。"晋卦二至四互艮，艮为鼠、为止，象鼫鼠"五技而穷"，故曰"晋如鼫鼠"。

通，遇到困难束手无策，占问的结果是凶险。

【原文】《象》曰："鼫鼠，贞厉"，位不当也。

【译白】《象传》说："鼫鼠，贞厉"，是因为它所处的位置不当。

【原文】六五，悔亡，失得勿恤。往吉，无不利。

【译白】六五，悔恨消失，不必过于忧虑个人得失。只要勇往直前，就没有什么不利。

【原文】《象》曰："失得勿恤"，往有庆也。

【译白】《象传》说："失得勿恤"，是说只要前往就有值得喜庆之事发生。

【原文】上九，晋其角，维用伐邑①。厉吉，无咎，贞吝。

【译白】上九，上进到顶点，犹如处在兽角之尖锋，艰险难立，宜于修正自身的德行。有危险，但还算吉利，没有灾

---

① 维用伐邑：维，语气词，常用于句首。伐邑，治理自己的城邑，引申为自正其德。程颐《周易程氏传》曰："伐四方者，治外也；伐其居邑者，治内也。言伐邑，谓内自治也。刚极则守道愈固，进极则迁善愈速。"上九以阳刚居于晋卦之极，再上已无处可进，只好停下来修正自身的德行，故曰"维用伐邑"。

祸，不过是有些艰难。

【原文】《象》曰："维用伐邑"，道未光也。

【译白】《象传》说："维用伐邑"，说明贞正之道还没有发扬光大。

䷣地火明夷

【原文】明夷：利艰贞。

【译白】明夷卦象征光明消逝：利于在逆境中持中守正，坚守正道。

【原文】《象》曰：明入地中，"明夷"。内文明而外柔顺，以蒙大难，文王①以之。"利艰贞"，晦其明也。内难而能正其志，箕子②以之。

【译白】《象传》说：下离（内卦）为日，为明；上坤（外卦）为地，为顺。日落西山，光明隐入地下，这就是明夷卦的象征。内心文明而外表柔顺，因此蒙受大难，就像周文王一样。"利艰贞"，是说夜晚黑暗淹没光明，此时应当韬光养晦。内心忍受艰难还能端正自己的志向，就像箕子一样。

---

① 文王：周文王姬昌。曾被纣王囚禁于羑里（在今河南省安阳市汤阴县北部），无辜受难。
② 箕子：商末贤臣，纣王之叔父，因直谏而被囚禁，后贬为奴隶。与微子、比干并称为"殷末三仁"。

【原文】《象》曰：明入地中，"明夷"。君子以莅^①众，用晦而明。

【译白】《象传》说：下离为日，上坤为地，黄昏日落，光明隐入地下，这就是明夷卦的象征。君子观此卦象，治理天下时应当采取适当包容的政策，不可过于明察，只要不违反大的纲领就好，这样反而会让天下大治。

【原文】初九，明夷于飞，垂其翼^②。君子于行，三日不食^③。有攸往，主人有言。

【译白】初九，光明渐渐消逝，鸟儿垂着翅膀低飞，以免被夜行的猛禽察觉。君子连夜离去，即使三日不吃不喝也不在乎。君子这时候远行，主事之人会有所责难。

【原文】《象》曰："君子于行"，义不食也。

【译白】《象传》说："君子于行"，是因为坚守道义，不食嗟来之食。

【原文】六二，明夷，夷于左股。用拯马壮，吉。

---

① 莅（lì）：治理，管理。
② 明夷于飞垂其翼：初九以阳明之姿欲上行，故以飞鸟为喻。遇六二阻其上行，故垂翼低飞。
③ 君子于行，三日不食：象征天下昏暗时，君子抛弃高官厚禄而退隐。

【译白】六二，君子在黑暗中前行，不小心左腿受伤。刚好有一匹强壮的马，君子因此获救，吉祥。

【原文】《象》曰：六二之"吉"，顺以则①也。

【译白】《象传》说：六二之所以吉祥，是因为既柔顺又能坚守法则。

【原文】九三，明夷于南狩②，得其大首。不可疾，贞。

【译白】九三，在光明消逝时，君王到南方巡狩，获得猎物的首级。此时不可操之过急，应当坚守正道。

【原文】《象》曰："南狩"之志，乃大得也。

【译白】《象传》说："南狩"的志向，就是要大有收获。

【原文】六四，入于左腹③，获明夷之心，于出门庭。

---

① 顺以则：六二处于下卦（内卦）中位，且以阴爻处阴位（六爻卦初、三、五为阳位，二、四、上为阴位，阳爻处阳位、阴爻处阴位为正），固守中正之道，故曰"顺以则"。
② 狩：本意为狩猎，引申为君王巡察民情。
③ 入于左腹：明夷卦上坤为腹，三至五互震为左，六四初入于上坤，故曰"入于左腹"。

【译白】六四，退处于左边的腹地，了解了光明消逝的缘由，于是大步跨出门庭，离开这里。

【原文】《象》曰："入于左腹"，获心意也。

【译白】《象传》说："入于左腹"，是说内心受到了启发，察知明夷之道。

【原文】六五，箕子之明夷，利贞。

【译白】六五，像箕子那样韬光养晦，利于坚守正道。

【原文】《象》曰："箕子"之贞，明不可息也。

【译白】《象传》说："箕子"的贞正，在于外在的光明隐入内心，心中的光明从不熄灭。

【原文】上六，不明晦，初登于天，后入于地。

【译白】上六，不发出光明却带来昏暗，起初登临于天上，最终坠落于地下。

【原文】《象》曰："初登于天"，照四国也；"后入于地"，失则也。

【译白】《象传》说："初登于天"，是为了普照天下四方；"后入于地"，说明此时已经失道于天下。

䷤风火家人

【原文】家人：利女贞。

【译白】家人卦象征齐家：利于女子坚守正道。

【原文】《彖》曰：家人，女正位乎内，男正位乎外。男女正，天地之大义也。家人有严君焉，父母之谓也。父父[①]，子子，兄兄，弟弟，夫夫，妇妇，而家道正。正家，而天下定矣。

【译白】《彖传》说：家人卦下离上巽，六二以阴柔居内卦（下卦）中正之位，九五以阳刚居外卦（上卦）中正之位，象征家中男主外、女主内，各正其位，这是天经地义的常理。家中有威严的君主，是指父母而言的。父亲要尽父亲的责任，儿子要尽儿子的责任，长兄要尽长兄的责任，弟弟要尽弟弟的责任，丈夫要尽丈夫的责任，妻子要尽妻子的责任，这样家庭风气就和谐贞正。家庭和谐了，天下也就安定了。

---

① 父父：父亲要尽父亲的责任。后同类结构词皆作此解。

【原文】《象》曰：风自火出，家人。君子以言有物而行有恒。

【译白】《象传》说：下离为火，上巽为风，风从有火的地方生出，这就是家人卦的象征。君子观此卦象，应当说话有内容、有依据，行动有恒心、有原则（风为外在的言行，火为内在的本心）。

【原文】初九，闲①有家，悔亡。

【译白】初九，持家有道，能够防范不测之危，使悔恨消失。

【原文】《象》曰："闲有家"，志未变也。

【译白】《象传》说："闲有家"，在于心志没有发生变化。

【原文】六二，无攸遂。在中馈②，贞吉。

【译白】六二，不要盲目追求外部的功名利禄，只要料理好一家人的饮食起居就好了。占问的结果是吉祥。

---

① 闲：防止，防范。
② 中馈：负责家中的饮食等家务。

【原文】《象》曰：六二之"吉"，顺以巽①也。

【译白】《象传》说：六二之"吉"，在于性情柔顺谦逊。

【原文】九三，家人嗃嗃②，悔厉吉。妇子嘻嘻③，终吝。

【译白】九三，治家严谨，虽然显得有些冷酷，但能避免灾祸发生，知道防范危险就能获得吉祥。家教不严，妇女、孩子不受礼节约束，随心所欲，结果一定会带来灾难。

【原文】《象》曰："家人嗃嗃"，未失也；"妇子嘻嘻"，失家节也。

【译白】《象传》说："家人嗃嗃"，说明家教严谨，没有偏离君子的治家之道；"妇子嘻嘻"，说明家风不正，有失礼节。

【原文】六四，富家，大吉。

---

① 巽：谦逊。
② 嗃（hè）嗃：严酷的样子。此指一家之主训斥犯错的家人。
③ 嘻嘻：嬉笑的样子。此指家风不严，妇女、孩子有失管教。

【译白】六四，发家致富，大吉。

【原文】《象》曰："富家，大吉"，顺在位①也。

【译白】《象传》说："富家，大吉"，是因为六四性情卑顺，且位置得当。

【原文】九五，王假有家②，勿恤，吉。

【译白】九五，君王将治家的中正之道推广到治国，能使家国和乐，不用担心，结果一定吉祥。

【原文】《象》曰："王假有家"，交相爱也。

【译白】《象传》说："王假有家"，说明君子使家国上下都能相亲相爱。

【原文】上九，有孚威如，终吉。

【译白】上九，君子以至诚之心治家，威严之气自然生

---

① 顺在位：六四居于上巽之下爻，巽为顺。又六四以阴爻居阴位，位置正当，故曰"顺在位"。
② 王假（gé）有家：假，通"格"，至，到。九五以阳爻居阳位，为正，又处于上卦中位，为中，位置中正为君，即一家之主。九五与六四相比，且与六二相应，象征家庭和睦，关系融洽。若将君子治家之道推广为君王治国之道，则同理，君王以中正之德统治天下，国家才能长治久安。

发，树立起威信，结果一定吉祥。

【原文】《象》曰："威如"之"吉"，反身之谓也。

【译白】《象传》说："威如"之"吉"，是因为这种威信是通过完善自身的修养而得到的，并非强求于别人。

䷥火泽睽

【原文】睽：小事吉。

【译白】睽卦象征乖背睽违：做小事吉利。

【原文】《彖》曰：睽，火动而上，泽动而下，二女同居①，其志不同行。说②而丽乎明，柔进而上行，得中而应乎刚，是以“小事吉”。天地睽而其事同也，男女睽而其志通也，万物睽而其事类也。睽之时用大矣哉！

【译白】《彖传》说：睽卦下兑为泽，上离为火，火焰向上窜动，河水向下流动，犹如家中一同居住的两个女儿，志趣不同，性情各异。下兑为悦，上离为明，喜悦而附丽于光明，阴柔渐进而上行，六五处于上卦中位并与九二相应。因此“小事吉”。天地虽然对立，但它们化育万物的功业相同；男女虽然对立，但他们夫妻恩爱的心意相通；万物虽然各异，但他们

---

① 二女同居：睽卦下兑为少女、上离为中女。程颐《周易程氏传》曰：“同处长则各适其归，其志异也。”

② 说（yuè）：同“悦”，喜悦。

顺应天道发展的情况相似。睽卦与时偕行的意义真远大啊！

【原文】《象》曰：上火下泽，睽。君子以同而异。

【译白】《象传》说：下兑为泽，上离为火，上火下泽，互相对立，这就是睽卦的象征。君子观此卦象，应当以求同存异的态度待人接物。

【原文】初九，悔亡。丧马勿逐，自复。见恶人，无咎。

【译白】初九，悔恨消失。丢失了马匹，不必费力去追寻，它将会自己回来。虽然遇到恶人，但是没有灾祸。

【原文】《象》曰："见恶人"，以辟咎也。

【译白】《象传》说："见恶人"，是说主动与意见不合的人沟通，求而和之，矛盾自然迎刃而解。

【原文】九二，遇主于巷①，无咎。

【译白】九二，在小巷中遇到了主人，没有灾祸。

【原文】《象》曰："遇主于巷"，未失道也。

① 遇主于巷：九二与六五之君相应，象征与主人志同道合。又当睽违之时，虽得相见，但必经曲折，故曰"遇主于巷"。

【译白】《象传》说："遇主于巷"，是说虽然经历曲折，但并没有违背原则。

【原文】六三，见舆曳，其牛掣①，其人天且劓②，无初有终。

【译白】六三，似乎见到大车被吃力地拖住，拉车的牛受牵制而不前；又恍如自身遭到黥额割鼻的酷刑。尽管前期如此困难，但最终目的一定能达成。

【原文】《象》曰："见舆曳"，位不当也。"无初有终"，遇刚也。

【译白】《象传》说："见舆曳"，是因为六三爻所处的位置不当。"无初有终"，是因为六三与上九相应，阴柔合于阳刚，并不违反常理。

---

① 见舆曳，其牛掣：六三以阴柔夹于上下两阳爻之间，又与上九相应，欲上行以应上九，受九二与九四妨碍，犹如车被拖住，牛被人牵制，故曰"见舆曳，其牛掣"。

② 天且劓（yì）：天，黥额，指在犯人额上刺字的刑罚。劓，古时割掉鼻子的刑罚。此指六三前途受阻，而力求合于上九，冒进而行，饱受折磨，故曰"天且劓"。

【原文】九四，睽孤遇元夫①。交孚厉无咎。

【译白】九四，孤独无援的人正好遇到一位大丈夫。彼此交心，互相信任，虽有一定危险，但能避免灾祸。

【原文】《象》曰："交孚""无咎"，志行也。

【译白】《象传》说："交孚""无咎"，是因为他们有共同的志向。

【原文】六五，悔亡。厥宗噬肤②，往何咎？

【译白】六五，悔恨消失。与同宗族的人关系亲密，前行还会有什么灾祸呢？

【原文】《象》曰："厥宗噬肤"，往有庆也。

【译白】《象传》说："厥宗噬肤"，说明前行将会有所喜庆。

---

① 睽孤遇元夫：元夫，指初九，阳大称为"元"，犹言"大丈夫"。九四夹于两阴爻之间，且与初九不相应，谓离群索居，孤立无援。此时初九与九四虽不相应，却都以阳刚自居，虽异而同，又初九有"悔亡"之善，故曰"睽孤遇元夫"。
② 厥宗噬肤：厥宗，指与其同宗族的人。噬肤，比喻关系密切。六五以阴柔处君位，有悔，然下与九二相应，悔亡。君臣之道相合，必然关系深入，故曰"厥宗噬肤"。

【原文】上九，睽孤。见豕负涂①，载鬼一车。先张之弧②，后说③之弧。匪寇，婚媾。往遇雨则吉。

【译白】上九，睽违至极，上九刚愎自用，彻底被孤立。即使与六三相应，但也满心狐疑，视之如沾满污泥的猪，或者满载鬼怪的车。开始还想张弓搭箭射它，然而物极必反，睽违必不长久，最终上九还会清醒，与六三阴阳合于正应，因此将弓箭放下。前面不是盗贼，而是来与己婚配的人。前往相遇，阴阳相合，如春风化雨，就能获得吉祥。

【原文】《象》曰："遇雨"之吉，群疑亡也。

【译白】《象传》说："遇雨"的吉祥，犹如天降甘霖，浇熄心中的种种疑虑。

---

① 涂：泥巴。

② 弧：弓。

③ 说（tuō）：通"脱"，取下，放下。

䷦水山蹇

【原文】蹇[1]：利西南，不利东北[2]。利见大人。贞吉。

【译白】蹇卦象征阻碍：有利于向西南方前进，不利于向东北方前进。有利于遇到贵人，占问的结果是吉祥。

【原文】《彖》曰：蹇，难也，险在前也。见险而能止，知[3]矣哉！蹇"利西南"，往得中[4]也；"不利东北"，其道穷也。"利见大人"，往有功也。当位"贞吉"，以正邦也。蹇之时用大矣哉！

【译白】《彖传》说：蹇卦下艮上坎，象征艰难险阻，犹如前方遇到危险。下艮为止，上坎为险，遇到危险能见势知止，这是明智的表现啊！蹇卦"利西南"，是因为前往合乎中

---

① 蹇（jiǎn）：困顿，不顺。

② 利西南，不利东北：八卦取象于方位，西南为坤，东北为艮，坤为平地、为坦途，艮为山川、为坎坷，故曰"利西南，不利东北"。

③ 知（zhì）：同"智"，明智。

④ 往得中：六二上往应于九五，且各自位置中正，合于中正之道。又九五变，上坎之险变为上坤之顺，化险为夷，故曰"往得中"。

正之道；"不利东北"，是因为其道艰难不通。"利见大人"，是说前往一定有所收获。处于正当的位置则"贞吉"，可以以此来安邦定国。蹇卦与时偕行的意义真重大啊！

【原文】《象》曰：山上有水，蹇。君子以反身修德。

【译白】《象传》说：蹇卦下艮为山、上坎为水，高山积水，岌岌可危，这就是蹇卦的象征。君子观此卦象，应当好好反省自己，修正自身的德业。

【原文】初六，往蹇，来①誉。

【译白】初六，前进将会遇险，归返值得赞誉。

【原文】《象》曰："往蹇来誉"，宜待也。

【译白】《象传》说："往蹇来誉"，是说此时应该静待时机，适时而动。

【原文】六二，王臣蹇蹇②，匪躬之故。

【译白】六二，臣子为了拜见君王，遭遇重重困难，如此

---

① 来：回来，返回。与"往"相对。
② 王臣蹇蹇：六二为臣，九五为君，君臣阴阳相应，三至五互离为目，如臣拜见君。但此行困难重重，初至六全卦为一"蹇"，初至四互四爻卦又为一"蹇"，故曰"王臣蹇蹇"。

困难仍要前往，并不是为了他自己。

【原文】《象》曰："王臣蹇蹇"，终无尤也。

【译白】《象传》说："王臣蹇蹇"，最终无尤无怨。

【原文】九三，往蹇，来反。

【译白】九三，前进会遇到困难，最好返回原地。

【原文】《象》曰："往蹇，来反"，内喜之①也。

【译白】《象传》说："往蹇，来反"，家中的亲人满心欢喜。

【原文】六四，往蹇，来连②。

【译白】六四，前进会遇到困难，归来又遇到困难。

【原文】《象》曰："往蹇，来连"，当位实也。

【译白】《象传》说："往蹇，来连"，是因为处在了关

---

① 内喜之：九三居下卦（内卦）上爻，下艮初六、六二不能自立，必依附于九三之阳爻。九三"往蹇来反"，合初六、六二之意，故曰"内喜之"。

② 往蹇，来连：连，亦艰难。往来皆遇蹇难。

键的位置。

【原文】九五，大蹇，朋来。

【译白】九五，正处于巨大的艰难之中（九五居于上卦坎险正中，又为蹇卦主爻），这时有扶危救困的朋友前来相助。

【原文】《象》曰："大蹇，朋来"，以中节也。

【译白】《象传》说："大蹇，朋来"，说明九五合乎中正之道，不失君子之节。

【原文】上六，往蹇，来硕①。吉，利见大人。

【译白】上六，深入危险之中，最终化险为夷。吉祥，利于遇到贵人。

【原文】《象》曰："往蹇，来硕"，志在内也。"利见大人"，以从贵也。

【译白】《象传》说："往蹇，来硕"，是因为志在团结内部的力量。"利见大人"，是说要顺从贵人。

---

① 往蹇，来硕：硕，大，谓处境宽裕。上六虽以阴柔居蹇卦之极，但与九五相比，与九三相应，象征得到阳刚的贵人相助，因此化险为夷，故曰"往蹇，来硕"。

䷧雷水解

【原文】解：利西南，无所往，其来复吉。有攸往，夙①吉。

【译白】解卦象征危机解除：利于向西南方前进，天下之难已解，无须有所作为，回归原来的大道吉祥。如果还有要解决的事情，宜当早日为之，如此可得吉祥。

【原文】《彖》曰：解，险以动，动而免乎险，解。解"利西南"，往得众也。"其来复吉"，乃得中也。"有攸往夙吉"，往有功也。天地解而雷雨作，雷雨作而百果草木皆甲坼②。解之时义大矣哉！

【译白】《彖传》说：解卦下坎为险，上震为动，遇险而思动，有所行动而免于艰险，如此使危机解除。解卦"利西南"，是因为前往能够得人心。"其来复吉"，是因为合乎中道。"有攸往夙吉"，是因为前往将有所收获。解卦下坎为

---

① 夙：早。
② 甲坼（chè）：坼，分裂，裂开。草木发芽时种子外皮裂开。

水，上震为雷，天地之气阻塞之时，为解艰难而兴雷降雨，雷雨之后，百果草木纷纷萌芽，天地气象焕然一新。解卦与时偕行的意义真宏大啊！

【原文】《象》曰：雷雨作，解。君子以赦过宥①罪。

【译白】《象传》说：下坎为水，上震为雷，雷上水下，有雷雨打破滞塞、解除危急之象，这就是解卦的象征。君子观此卦象，应当宽恕别人的罪过，使他们得到解脱和新生。

【原文】初六，无咎。

【译白】初六，没有灾祸。

【原文】《象》曰：刚柔之际②，义"无咎"也。

【译白】《象传》说：初六处于刚柔并济的位置上，理应"无咎"。

---

① 宥（yòu）：宽宥，宽恕。
② 刚柔之际：际，交会，会合。初六与九二相比，与九四相应，各有阴阳相济，故曰"刚柔之际"。

【原文】九二，田获三狐①，得黄矢②，贞吉。

【译白】九二，在田野狩猎，收获三只狐狸，还得到了黄色的箭矢，占问的结果是吉祥。

【原文】《象》曰：九二"贞吉"，得中道也。

【译白】《象传》说：九二"贞吉"，是因为合乎中道。

【原文】六三，负且乘，致寇至③。贞吝。

【译白】六三，头戴花饰又乘坐大车，招致盗寇前来劫掠。占问的结果是艰险。

【原文】《象》曰："负且乘"，亦可丑也；自我致戎，又谁咎也！

【译白】《象传》说："负且乘"，这种行为本身便很丑恶；因自己而招致敌寇，又能怪谁呢？

---

① 田获三狐：九二与初六、六三相比，与六五相应，三阴爻都靠九二相济。以田猎喻之，则曰"田获三狐"，以治国喻之，三阴爻则为三小人。当国难方解，恢复旧治之时，天下易变，而九二君子可去伪存真，去小人而存君心。

② 黄矢：黄于五色居中，故谓中，矢谓直，"黄矢"指代君子中道正直的品德。

③ 负且乘，致寇至：解卦下坎为险、为多眚之舆，二至四互离为中女，三至五互坎为盗寇，上震为敷，即花饰。六三头戴花饰，打扮得花枝招展，又乘坐危险的车子，大摇大摆出行，互离入互坎，招致盗寇，故曰"负且乘，致寇至"。

【原文】九四，解而拇^①，朋至斯孚。

【译白】九四，摆脱小人的纠缠，志同道合的朋友就会前来交游，并以诚相交，坦诚相助。

【原文】《象》曰："解而拇"，未当位也。

【译白】《象传》说："解而拇"，是因为所处的位置不当。

【原文】六五，君子维有解，吉。有孚于小人。

【译白】六五，君子只有化解世道的艰难，才能带来吉祥。就算小人也会信服于他。

【原文】《象》曰：君子"有解"，小人退也。

【译白】《象传》说：君子"有解"，小人自然就俯首称臣了。

---

① 解而拇：九四以阳刚之臣事六五阴柔之君，亲比六三、六五两阴爻，又应于初六阴爻，象征被小人纠缠的君子，亲小人则君子远退，斥去小人则可以使君子之党上进，故曰"解而拇"。

【原文】上六，公用射隼于高墉之上^①，获之。无不利。

【译白】上六，王公站在高高的城墙上，张弓搭箭射杀盘旋的鹰隼，一箭射中，收获猎物。没有什么不利。

【原文】《象》曰："公用射隼"，以解悖也。

【译白】《象传》说："公用射隼"，是为了解决与正道悖逆的祸患。

---

① 公用射隼（sǔn）于高墉（yōng）之上：隼，泛指猛禽。墉，城墙。上六处解卦之极，又非为君，故称"公"。隼象征害国之小人，射隼于高墉之上，意即靖平国内之患难，又能防范城外未至之乱。

䷨山泽损

【原文】损：有孚。元吉，无咎，可贞，利有攸往。曷①之用？二簋②可用享③。

【译白】损卦象征减损：不失诚意。大吉，没有灾祸，可以坚守正道，利于前往行事。减损之道用什么来体现呢？二簋的食物就可以用于祭祀。

【原文】《彖》曰：损，损下益上，其道上行。损而"有孚。元吉，无咎，可贞，利有攸往。曷之用？二簋可用享"，二簋应有时，损刚益柔有时。损益盈虚，与时偕行。

【译白】《彖传》说：损卦象征减损下位者、增益上位者，减损之道上行。损而"有孚。元吉，无咎，可贞。利有攸往。曷之用？二簋可用享"，是说使用二簋祭祀要依时而行，减损阳刚、增益阴柔也要依时而行。无论是减损还是增益，盈

---

① 曷（hé）：通"何"，怎么，为什么。
② 簋（guǐ）：盛饭食的器皿。
③ 可用享：损卦下兑为巫，上艮为手，有巫师举着祭品祭祀之象，祭祀在于诚意而不在于祭品多寡，故只需二簋即可。

满还是空虚，都要与时偕行。

【原文】《象》曰：山下有泽，损。君子以惩忿窒欲。

【译白】《象传》说：下兑为泽，上艮为山，山下有泽，气通上润，泽愈深而山愈高，这就是损卦的象征。君子观此卦象，应当惩戒自身怨恨易怒的恶念，克制自身贪得无厌的欲望，以培养高尚的品德。

【原文】初九，已①事遄②往，无咎。酌损之。

【译白】初九，损己益人的事完成后马上功成身退，没有灾祸。损己益人时要再三斟酌，把握好分寸。

【原文】《象》曰："已事遄往"，尚合志③也。

【译白】《象传》说："已事遄往"，是因为世人推崇臣民上下一心。

【原文】九二，利贞，征凶。弗损益之。

---

① 已：完成，完毕。
② 遄（chuán）：快速，迅速。
③ 尚合志：尚，推崇，崇尚。初九与六四相应，六四为近君之大臣，尊贵柔弱的大人有难，卑微刚强的义士献身，成人之美而不居功自傲，故曰"尚合志"。

【译白】九二，利于坚守正道，远行将有凶险。无需自损，方可益之。

【原文】《象》曰：九二"利贞"，中以为志也。

【译白】《象传》说：九二"利贞"，是因为以中道作为自己的原则。只有秉持既不极端也不保守的中庸之道，才能使他人受益。

【原文】六三，三人行，则损一人；一人行，则得其友。

【译白】六三，三人同行，就会因为互相掣肘而使其中至少一人受到伤害；一人独行，就会一心一意地追寻大道而收获志同道合的朋友。

【原文】《象》曰："一人"行，"三"则疑也。

【译白】《象传》说：一人独行，目的明确，意志刚强；三人同行，则心思各异，互相怀疑。（说明损下益上要讲求实效，而非越多越好。）

【原文】六四，损其疾，使遄有喜。无咎。

【译白】六四，减损克服自身的缺点，马上就会有喜庆降临。没有灾祸。

【原文】《象》曰："损其疾"，亦可喜也。

【译白】《象传》说："损其疾"，这也是可喜的事情。

【原文】六五，或益之十朋之龟①，弗克违，元吉。

【译白】六五，有人送来价值昂贵的宝龟，无法辞谢，大吉。

【原文】《象》曰：六五"元吉"，自上祐②也。

【译白】《象传》说：六五的"元吉"，是来自上天的佑助。

【原文】上九，弗损益之，无咎，贞吉。利有攸往，得臣无家③。

【译白】上九，无须自我减损，就能有所增益（损道之极，将转损为益，山泽损反转成风雷益），没有灾祸，占问

---

① 十朋之龟：价值昂贵的宝物。朋，货币单位。古时以贝壳为货币，一说双贝为一朋，一说五贝为一朋，此指价值昂贵。龟，古时以完整的龟甲最为珍贵，又龟背纹路如古之"贞"字，因此用来占卜，以循贞正之道。各项含义皆言其珍贵神奇。

② 自上祐（yòu）：六五以阴柔处损卦之君位，其位至尊仍思损己益人，虽不得下民之益，但合于上天之心，故曰"自上祐"。

③ 得臣无家：得到人民的拥护，建功立业，得天下而忘小家。引申为实现伟大的理想。

的结果是吉祥。利于前往行事，能够得到众人的拥护，成就大事。

【原文】《象》曰："弗损益之"，大得志也。

【译白】《象传》说："弗损益之"，是因为损道之志大成。物极必反，山泽损将反转为风雷益。

䷩风雷益

【原文】益：利有攸往，利涉大川。

【译白】益卦象征增益：利于前往行事，利于渡河跨险。

【原文】《彖》曰：益，损上益下，民说①无疆。自上下下，其道大光。"利有攸往"，中正有庆；"利涉大川"，木道乃行②。益动而巽③，日进无疆；天施地生，其益无方④。凡益之道，与时偕行。

【译白】《彖传》说：益卦象征减损上位者，增益下位者，百姓喜悦无限。从上自下而来，所施德义光明正大。"利有攸往"，是因为持中守正有所喜庆；"利涉大川"，是因为木作舟筏可以渡人。益卦之道，善动而卑顺，蒸蒸日上无有止境；上天施与，大地生养，惠及万物，无所不至。凡是利于他

---

① 说（yuè）：同"悦"，喜悦。
② 木道乃行：益卦下震为东方，五行属木，上巽亦为木。下震为动，上巽为入，动而入，乃曰"行"，故曰"木道乃行"。
③ 动而巽：益卦下震为动，上巽为卑顺，益卦之道，善动而卑顺。
④ 无方：没有方位的限制，指无边无际。

人的作为，都要顺应天时的发展。

【原文】《象》曰：风雷，益。君子以见善则迁，有过则改。

【译白】《象传》说：下震为雷，上巽为风，风雷相激，彼此增益，这就是益卦的象征。君子观此卦象，应当学习别人的善行，改正自己的过错。

【原文】初九，利用为大作，元吉无咎。

【译白】初九，利于大显身手、成就大事，大吉大利，没有灾祸。

【原文】《象》曰："元吉无咎"，下不厚事也。

【译白】《象传》说："元吉无咎"，是因为上位者知人善任，否则下位者不能成就大事。

【原文】六二，或益之十朋之龟，弗克违，永贞吉。王用享于帝，吉。

【译白】六二，有人送来价值昂贵的宝龟，想推辞都不行，要始终坚守正道。君王用祭品祭祀天帝，吉祥。

【原文】《象》曰："或益之"，自外来也。

【译白】《象传》说："或益之"，说明利益是别人主动给予的，而不是靠私心求取的。

【原文】六三，益之用凶事，无咎。有孚中行，告公用圭①。

【译白】六三，施与别人好处，帮助他脱离险境，没有灾祸。满怀诚意地按照中正之道行事，觐见王公时一定要手持玉圭（以身份自诚，谨守诚心）。

【原文】《象》曰：益"用凶事"，固有之也。

【译白】《象传》说：对别人施与好处"用凶事"，同时也能得到别人的敬重，从而巩固自己在别人心目中的地位，这样别人也会对你施与好处。

【原文】六四，中行告公从。利用为依迁国②。

【译白】六四，秉持中正之道行事，有事求告王公，能够得到允许。利于借助王公的威望来决定国家迁都这样的大事。

---

① 圭（guī）：玉圭。古时诸侯朝见天子或参加重大仪式时所持的玉制礼器，为代表身份的信物。
② 国：国都。

【原文】《象》曰:"告公从",以益志也。

【译白】《象传》说:"告公从",在于激励志向。

【原文】九五,有孚惠心。勿问元吉,有孚惠我德。

【译白】九五,满怀诚意,守持一颗惠及天下之心。不用占问就能知道结果一定大吉大利,只要君心至诚,万民也会感恩戴德,报答君王。

【原文】《象》曰:"有孚惠心",勿问之矣。"惠我德",大得志也。

【译白】《象传》说:"有孚惠心",根本不需要求占问卜。"惠我德",说明志愿圆满达成。

【原文】上九,莫益之,或击之。立心无恒,凶。

【译白】上九,没有人向他施惠,反倒有人对他攻击。立志于心却不能持之以恒,凶险。

【原文】《象》曰:"莫益之",偏辞也。"或击之",自外来也。

【译白】《象传》说："莫益之"，是因为上九片面发出"求益"的言辞。"或击之"，说明怨恨自外而来（上九凌驾于九五君位之上，肆意妄为，使天怒人怨）。

䷪泽天夬

【原文】夬①：扬于王庭。孚号有厉。告自邑，不利即戎，利有攸往。

【译白】夬卦象征决断：在王庭之上极力宣扬小人的过错（初九至九五皆为阳爻，象征王庭；上六阴爻独居其上，象征小人）。诚心正意地向众人呼号，警示众人小人之危仍然存在。通告自己城邑的人，不利于马上动用武力，利于继续壮大自身。（阳刚发展未至尽头，仍存有一丝阴柔之气，所以应当继续自我精进，而不应耀武扬威。）

【原文】《彖》曰：夬，决也，刚决柔也。健而说②，决而和。"扬于王庭"，柔乘五刚也。"孚号有厉"，其危乃光也。"告自邑，不利即戎"，所尚乃穷也。"利有攸往"，刚长乃终也。

【译白】《彖传》说：夬，意思就是决断，犹如阳刚君子

---

① 夬（guài）：分决，决断。
② 说（yuè）：同"悦"，指上兑。

果决制裁阴柔小人。下乾为健，上兑为悦，用刚健令人心悦诚服，用果决使万物和谐。"扬于王庭"，是因为上六阴爻乘于五阳爻之上。"孚号有厉"，是为了提醒众人前方的危险。"告自邑，不利即戎"，否则崇刚尚武之道将趋于穷尽。"利有攸往"，意味着阳刚继续增长，最终完全克决阴柔。

【原文】《象》曰：泽上于天，夬。君子以施禄及下，居德则忌。

【译白】《象传》说：下乾为天，上兑为泽，湖泽水汽升上天空，即将化雨滋润大地，这就是夬卦的象征。君子观此卦象，应当向下属广施恩惠，切忌以德自居。

【原文】初九，壮于前趾，往不胜为咎。

【译白】初九，脚趾前端强壮，如果前往不能一举得胜，则说明有冒进躁动的过失。

【原文】《象》曰："不胜"而往，咎也。

【译白】《象传》说："不胜"而轻率地前往，不仅不能完成克决阴柔的任务，还会给自己招来灾祸。

【原文】九二，惕号①，莫②夜有戎，勿恤。

【译白】九二，突然听到军中的号角声，内心有所警惕，夜晚有敌兵进犯，不必过于忧虑。

【原文】《象》曰："有戎，勿恤"，得中道也。

【译白】《象传》说："有戎，勿恤"，是因为九二爻处于下卦中位，合乎中道，能够化险为夷。

【原文】九三，壮于頄③，有凶。君子夬夬④，独行遇雨，若濡有愠⑤，无咎。

【译白】九三，颧骨强壮，脸色刚强易怒，有一定凶险。君子坚决果断，独自前行，途中遇到下雨，淋湿了衣服，虽然有些气恼，但是没有灾祸。

【原文】《象》曰："君子夬夬"，终无咎也。

【译白】《象传》说："君子夬夬"，独自与小人周旋（九三在众阳爻之中，独与上六相应），既能避免打草惊蛇，

---

① 惕号：号，号角。九二与九五敌应，两爻变，泽天夬变成雷火丰。丰卦上震为号，二至五互坎为心病，即内心警惕，坎入震，故曰"惕号"。

② 莫（mù）：同"暮"，傍晚。

③ 頄（qiú）：颧骨。

④ 夬夬：坚决、果断的样子。

⑤ 若濡（rú）有愠（yùn）：濡，沾湿。愠，生气。淋湿衣服有些气恼。

又能当机立断，因而不会遇到灾祸。

【原文】九四，臀无肤①，其行次且②。牵羊悔亡，闻言不信。

【译白】九四，臀部皮肤受伤，行动困难，犹豫不前。牵羊就能消除灾祸（羊指阳，牵羊指牵挽众阳爻同行），然而听了这话的人却并不相信。

【原文】《象》曰："其行次且"，位不当也。"闻言不信"，聪不明也。

【译白】《象传》说："其行次且"，是因为五阳爻中，初、三、五为正，二、五为中，唯独九四既不中又不正，所处的位置不当。"闻言不信"，是说处境困顿时应当借重君子的帮助，然而他能听到别人的建议，却不能审察明断。

【原文】九五，苋陆③夬夬，中行无咎。

【译白】九五，像斩除柔弱的马齿苋那样，当机立断除去

---

① 臀无肤：九四变，泽天夬成水天需，上坎为豕，坎之下爻象豕之臀。又二至四互兑为口，互兑入坎，咬去坎下爻之豕臀，故曰"臀无肤"。

② 次且（zī jū）：通"趑趄"，行止困难犹豫不前的样子。

③ 苋（xiàn）陆：即马齿苋，野菜的一种，也可入药。程颐《周易程氏传》注曰："苋陆，今所谓马齿苋是也，曝之难干，感阴气之多者也，而脆易折。"

小人，坚守中正之道就没有灾祸。

【原文】《象》曰："中行无咎"，中未光也。

【译白】《象传》说："中行无咎"，是说九五虽然处于中正之位，为夬卦以阳决阴之主爻，但却与上六亲比，因此说九五的中道还没有完全表现出来。

【原文】上六，无号[①]，终有凶。

【译白】上六，纵使大声哭号也没有用，一阴独居夬卦极位，终将被众阳决去，最后一定会大难临头。

【原文】《象》曰："无号"之凶，终不可长也。

【译白】《象传》说："无号"的凶险，终究不会长久。因为阴阳此消彼长，循环往复。一阴亡于上则生于下，即将进入天风姤卦。

---

① 号（háo）：大哭大叫。

䷫天风姤

【原文】姤：女壮^①，勿用取^②女。

【译白】姤卦象征相遇：女子过于强盛，不要将其娶为妻子。

【原文】《彖》曰：姤，遇也，柔遇刚也。"勿用取女"，不可与长也。天地相遇，品物咸章^③也。刚遇中正，天下大行也。姤之时义大矣哉！

【译白】《彖传》说：姤，意思就是相遇，阴柔遇到刚强。"勿用取女"，是因为不能与她长相厮守。天地合功，阴阳相遇，万物蓬勃生长，欣欣向荣。九二、九五两阳爻各自占据中正的位置，象征天下大化，天道大行。姤卦与时偕行的意义真宏大啊！

---

① 女壮：姤卦五阳爻在上，一阴爻在下，为阴气生长，阳气衰弱之象，故曰"女壮"。
② 取：通"娶"，娶妻。
③ 品物咸章：品物，品种，物类，指万物。章，形容茂盛之状。万物蓬勃生长，欣欣向荣。

【原文】《象》曰：天下有风，姤。后以施命诰①四方。

【译白】《象传》说：下巽为风，上乾为天，风行天下，遍及四方，这就是姤卦的象征。君王应当颁布应时的政令，宣告四方。

【原文】初六，系于金柅②，贞吉。有攸往，见凶。羸豕孚蹢躅③。

【译白】初六，给车子绑上坚固结实的木闸，占问的结果是吉祥。前往行事，将会遇到凶险。母猪内心躁动不安，来回团团乱转。

【原文】《象》曰："系于金柅"，柔道牵也。

【译白】《象传》说："系于金柅"，是因为阴柔之道应有所牵系。

【原文】九二，包④有鱼，无咎，不利宾。

---

① 诰（gào）：君王颁布旨令宣告臣民。
② 柅（nǐ）：古时车上的木闸，用来在停车时阻止车轮转动。
③ 羸（léi）豕孚蹢躅（zhí zhú）：羸豕，指母猪，母猪明显比公猪体型弱小。蹢躅，亦作"踯躅"，徘徊不前的样子。
④ 包（páo）：通"庖"，厨房。

【译白】九二，厨房里只有一条鱼，没有灾祸，但不利于用来宴请宾客。

【原文】《象》曰："包有鱼"，义不及宾也。

【译白】《象传》说："包有鱼"，按礼仪不应宴请宾客。

【原文】九三，臀无肤，其行次且，厉无大咎。

【译白】九三，臀部皮肤受伤，行动犹豫不前，虽然危险，但没有大的灾祸。

【原文】《象》曰："其行次且"，行未牵也。

【译白】《象传》说："其行次且"，是说没有受到阴柔时道的牵引，运化过程没有得到促进。只要知危而改，就没有大的灾祸。

【原文】九四，包无鱼，起凶。

【译白】九四，厨房里失去一条鱼，将会发生凶险。

【原文】《象》曰："无鱼"之"凶"，远民也。

【译白】《象传》说："无鱼"之"凶"，是因为君王失去了百姓的拥护，国祚有危。

【原文】九五，以杞包瓜①，含章②，有陨自天③。

【译白】九五，用杞树的枝叶庇荫树下的瓜果，内心怀有美好的品德，待时机成熟，必有美好的遇合从天而降。

【原文】《象》曰：九五"含章"，中正也。"有陨自天"，志不舍命④也。

【译白】《象传》说：九五"含章"，是说君子能够坚守中正之道。"有陨自天"，是说只要不背弃自己的天命，志愿终究会达成。

【原文】上九，姤其角⑤，吝，无咎。

---

① 以杞（qǐ）包瓜：杞树高大，喻指九五之尊；瓜藤缠附树干而果生于下，喻指下位臣民。君王以恩德庇佑苍生，故曰"以杞包瓜"。
② 含章：文采出众，亦指具备美好的品德。
③ 有陨自天：九五与九二相应，九二变，下巽成艮，上乾为天，下艮为小石，天降小石，故曰"有陨自天"。
④ 舍命：背弃天命。
⑤ 姤其角：姤，遇到，接触。上九阳爻以阳刚居于姤卦之极位，至刚至强，犹如野兽头顶之兽角，如此则人人远之，所以处境艰难。但这是由自己造成的，怪不得他人，因此无尤无怨。程颐《周易程氏传》曰："至刚而在最上者，角也。九以刚居上，故以角为象。人之相遇，由降屈以相从，和顺以相接，故能合也。上九高亢而刚极，人谁与之，以此求遇，固可吝也。己则如是，人之远之，非他人之罪也，由己致之，故无所归咎。"

【译白】上九，与兽角相触，处境艰难，但无尤无怨。

【原文】《象》曰："姤其角"，上穷吝也。

【译白】《象传》说："姤其角"，是说，上九以阳刚居于姤卦极位，刚愎自用而无人相遇，姤卦之道已行至尽头，处境十分艰难。

䷬泽地萃

【原文】萃：亨。王假有庙①。利见大人，亨利贞。用大牲②吉，利有攸往。

【译白】《萃卦》象征萃聚：亨通。君王萃聚民心，莅临宗庙举行祭祀。利于遇到贵人，亨通顺利，利于坚守正道。用牛祭祀则吉祥，利于前往行事。

【原文】《彖》曰：萃，聚也。顺以说③，刚中而应，故聚也。"王假有庙"，致孝享也。"利见大人，亨"，聚以正也。"用大牲吉，利有攸往"，顺天命也。观其所聚，而天地万物之情可见矣！

【译白】《彖传》说：萃，意思就是萃聚。萃卦下坤为

---

① 王假（gé）有庙：假，通"格"，至，到。宗庙为祭祀祖先之所，君王立庙之本在于天下民心。萃卦象征萃聚，君王以中正德行萃聚天下民心，方可固邦立庙，故曰"王假有庙"。

② 大牲：指牛。古时宴飨祭祀常用牛、羊、猪三牲，根据场合和隆重程度不同选取相应的牲肉，其中以牛最为盛大，故称牛为"大牲"。

③ 说（yuè）：同"悦"，喜悦。

顺，上兑为悦，顺从而喜悦，九五阳爻居于上卦中位，并与下卦六二阴阳相应，因此能够聚合。"王假有庙"，是为了向祖宗致以孝心，请他们享用祭品。"利见大人，亨"，是说相聚合乎正道。"用大牲吉，利有攸往"，是因为顺应天命。观察事物聚集的状态，就可以了解天地万物的情况了。

【原文】《象》曰：泽上于地，萃。君子以除①戎器，戒不虞②。

【译白】《象传》说：下坤为地，上兑为泽，地表水流汇聚成湖泽，这就是萃卦的象征。君子观此卦象，应当修整兵器，以备不测。

【原文】初六，有孚不终③，乃乱乃萃。若号，一握为笑④。勿恤，往无咎。

【译白】初六，如果心中的诚意不能始终如一，乱源聚集到一起，就会生出祸端。如果为心中的理想而大声呼号，又会招致众人的嘲笑。不用担心，只要前往就没有灾祸。

---

① 除：整治，修治。
② 不虞：虞，料想。意料之外的事。
③ 有孚不终：初六与九四相应，本应向九四而行，但是下卦三阴爻聚集，若初六弃九四而从诸阴，则始乱终弃，故曰"有孚不终"。
④ 一握为笑：哄堂大笑，笑成一团。程颐《周易程氏传》曰："一握，俗语一团也，谓众以为笑也。"

【原文】《象》曰："乃乱乃萃"，其志乱也。

【译白】《象传》说："乃乱乃萃"，是因为意志不够坚定而心神迷乱。

【原文】六二，引吉①，无咎，孚乃利用禴②。

【译白】六二，与九五互相牵引，吉祥，没有灾祸，如此诚心利于举行夏祭。

【原文】《象》曰："引吉无咎"，中未变也。

【译白】《象传》说："引吉无咎"，是因为内心坚守中正之道，未曾改变。

【原文】六三，萃如嗟如③，无攸利。往无咎，小吝④。

---

① 引吉：六二与九五相应，且各自合于中正之道，但是其间有所阻隔，若两爻互相牵引，则能克服万难而获得吉祥，故曰"引吉"。

② 禴（yuè）：古代的祭礼之一。春祭曰"祠"，夏祭曰"禴"，秋祭曰"尝"，冬祭曰"烝"（zhēng）。

③ 萃如嗟如：六三与初六、六二聚集于下卦，又与九四亲比，但是初一、九四合于正应，六二、九五合于正应，六三孤立无援，连声叹气，故曰"萃如嗟如"。

④ 往无咎，小吝：孤立无援的六三只好求于上六，往上六而行。六三与上六虽然不是正应，但同为阴爻，其志相同，在这种不得已而为之的情况下，两阴爻相聚不算过错，只是同性相斥，稍有困难，故曰"往无咎，小吝"。

【译白】六三，与人相聚的希望破灭，忍不住嗟叹惋惜，没有什么好处。前往没有灾祸，只是稍有困难。

【原文】《象》曰："往无咎"，上巽①也。

【译白】《象传》说："往无咎"，是因为上兑为柔、为悦，上六又以阴柔居于上位，因此乐意顺从。

【原文】九四，大吉，无咎。

【译白】九四，大吉，没有灾祸。

【原文】《象》曰："大吉，无咎"，位不当②也。

【译白】《象传》说："大吉，无咎"，只可惜所处的位置不当。

【原文】九五，萃有位，无咎。匪孚，元永贞，悔亡。

【译白】九五，君王萃聚民心，以德当位，没有灾祸。但是仍然有人不信服，于是君王自我反省，始终如一地坚守正

---

① 巽：卑顺。又三至五互巽为顺。
② 位不当：九四向上亲比于九五之君，犹君臣相聚；又向下亲比群阴，犹臣民相聚。虽然大吉，但以阳爻处阴位，仍不合于正道，故曰"位不当"。程颐《周易程氏传》曰："非理枉道而得君者，自古多矣。非理枉道而得民者，盖亦有焉，如齐之陈恒，鲁之季氏是也。"

道，这样就能消除灾祸。

【原文】《象》曰："萃有位"，志未光也。

【译白】《象传》说："萃有位"，是因为一统天下使四海归心的志向还没有发扬光大。

【原文】上六，赍咨涕洟①，无咎。

【译白】上六，叹息哭泣，涕泪俱下，无尤无怨。

【原文】《象》曰："赍咨涕洟"，未安上②也。

【译白】《象传》说："赍咨涕洟"，是因为上六不能安然处于萃卦极位。

---

① 赍（jī）咨涕洟（yí）：赍咨，叹息的样子。涕洟，眼泪和鼻涕。
② 未安上：上六以阴柔凌驾于九五君位之上，处萃卦之极，又不与六三相应，处境艰难而孤立无援，以至于"赍咨涕洟"。又因为这种处境是自己造成的，所以无尤无怨。

䷭地风升

【原文】升：元亨。用见大人，勿恤。南征吉。

【译白】升卦象征上升：大为亨通。用升卦之道求见贵人，无须担心。往南方出征，吉祥。

【原文】《彖》曰：柔以时升，巽而顺，刚中而应，是以大亨。"用见大人，勿恤"，有庆也。"南征吉"，志行也。

【译白】《彖传》说：升卦下巽谦卑而处下，上坤顺从而居上，阴柔顺应天时而上升，谦卑而顺从，九二处于下卦中位，而与六五相应，因此大为亨通。"用见大人，勿恤"，是说有所吉庆。"南征吉"，是说志愿得以实现。

【原文】《象》曰：地中生木，升。君子以顺德，积小以高大。

【译白】《象传》说：下巽为木，上坤为地，草木从大地中生出，这就是升卦的象征。君子观此卦象，应当顺从天道人德，不断积累微小的进步来成就崇高宏伟的事业。

【原文】初六，允升①，大吉。

【译白】初六，依从九二，一同上升，大吉大利。

【原文】《象》曰："允升，大吉"，上合志也。

【译白】《象传》说："允升，大吉"，是因为初六谦卑温顺，九二阳刚善助，二者心志相合。

【原文】九二，孚乃利用禴②，无咎。

【译白】九二，心怀诚意，利于举行夏祭，没有灾祸。

【原文】《象》曰：九二之"孚"，有喜也。

【译白】《象传》说：九二的"孚"，说明有所喜庆。

【原文】九三，升虚邑③。

【译白】九三，升入一座空空如也的城邑。

---

① 允升：允，依从，信从。六二处下巽下位，谦卑处下，又不与六四相应，欲上升只能依从九二。九二刚中合德，于是携初六一同上升，故曰"允升"。

② 禴（yuè）：夏祭。

③ 升虚邑：虚，空。升入没有民众的城邑。九三以阳爻居阳位为正，处下巽上位为谦逊，即将升入上坤，而上坤顺从，无所阻碍，故曰"升虚邑"。

【原文】《象》曰："升虚邑"，无所疑也。

【译白】《象传》说："升虚邑"，是说如入无人之境，无人猜忌，无人阻拦。

【原文】六四，王用亨①于岐山，吉，无咎。

【译白】六四，君王在岐山举行祭祀大典，吉祥，没有灾祸。

【原文】《象》曰："王用亨于岐山"，顺事也。

【译白】《象传》说："王用亨于岐山"，是顺应时势发展的事情。

【原文】六五，贞吉，升阶。

【译白】六五，坚守正道可获吉祥，君王沿着台阶登堂升座。

【原文】《象》曰："贞吉，升阶"，大得志也。

【译白】《象传》说："贞吉，升阶"，说明六五在上升

---

① 亨（xiǎng）：通"享"，举行祭祀活动，请鬼神或祖先享用祭品。

的过程中踌躇满志。

【原文】上六，冥升^①，利于不息之贞。

【译白】上六，在昏暗的状态下依然坚持上升，这种心态利于坚贞守正，永无止息。

【原文】《象》曰："冥升"在上，消不富^②也。

【译白】《象传》说："冥升"坚持向上，但物极必反，上升的态势必将渐渐消减。

---

① 冥升：上六以阴柔居升卦之极，知进而不知止，甚为不明，故曰"冥升"。
② 不富：不再增益，消减。

䷮泽水困

【原文】困：亨。贞大人吉，无咎。有言不信①。

【译白】困卦象征困顿：亨通。对有德的大人物而言是吉祥的，没有灾祸。此时发表言论不会令人相信。

【原文】《彖》曰：困，刚掩②也。险以说③，困而不失其所亨，其唯君子乎！"贞大人吉"，以刚中也。"有言不信"，尚口乃穷也。

【译白】《彖传》说：困卦象征阳刚之气被掩盖。下坎为险，上兑为悦，遇险而喜悦，表明能在困境中坚守自己的立场和原则，因而不会失去亨通的前景，恐怕只有君子能做到吧！"贞大人吉"，是因为阳爻占据中位，象征内心刚强。"有言不信"，是因为靠口舌脱离困境只会将自己置于穷途末路。

---

① 有言不信：坤卦上兑为口，下坎为耳、为心病，象多疑，故曰"有言不信"。

② 刚掩：困卦下坎中间一阳爻被两阴爻包围，又三至上互四画坎，中间两阳爻被两阴爻包围，故曰"刚掩"。

③ 说（yuè）：同"悦"，喜悦。

【原文】《象》曰：泽无水，困。君子以致命遂志①。

【译白】《象传》说：下坎为水，上兑为泽，水深入湖泽之下，以致湖泽表面干涸，这就是困卦的象征。君子观此卦象，应当舍生忘死，一心实现崇高的理想。

【原文】初六，臀困于株木②，入于幽谷，三岁不觌③。

【译白】初六，受困难安，犹如臀部卡在光秃秃的草木枝干之间，退隐到幽深的山谷里，三年不与外人相见。

【原文】《象》曰："入于幽谷"，幽不明也。

【译白】《象传》说："入于幽谷"，是说处境极其困顿，犹如身处幽暗的密林之中，暗无天日，看不到一丝希望。

【原文】九二，困于酒食，朱绂方来④，利用享祀。征凶，无咎。

【译白】九二，因酒食而困扰，高官厚禄即将来到，利于

---

① 致命遂志：为实现理想而牺牲生命。
② 株木：泽上无水则树枯为"株"，此指没有枝叶的草木。
③ 觌（dí）：相见，察看。
④ 朱绂（fú）方来：朱绂，主持祭祀时穿着的祭服。困卦下坎为赤，上兑为巫，三至五互巽为绳，象征系在腰间的蔽膝。巫者穿着红色的蔽膝邀请九二"君子"参加祭祀典礼，故曰"朱绂方来"。

主持宗庙祭祀的大礼。出征有凶险，但没有灾祸。

【原文】《象》曰："困于酒食"，中有庆也。

【译白】《象传》说："困于酒食"，是说只要内心保持中正之道，就会有所吉庆。

【原文】六三，困于石，据①于蒺藜。入于其宫②，不见其妻，凶。

【译白】六三，受困难安，犹如被压在石头下面，倚靠在蒺藜上面。回到自己家里，却不见自己的妻室，凶险。

【原文】《象》曰："据于蒺藜"，乘刚也。"入于其宫，不见其妻"，不祥也。

【译白】《象传》说："据于蒺藜"，是因为六三以阴柔凌驾于九二阳刚之上。"入于其宫，不见其妻"，这是不祥之兆。

【原文】九四，来徐徐。困于金车，吝有终。

【译白】九四，姗姗来迟。被困在金贵华丽的大车之中，

---

① 据：倚仗，倚靠。
② 宫：古时对房屋、居室的通称。秦汉以后才特指帝王的居所。

磨难终有一天会结束。

【原文】《象》曰："来徐徐"，志在下^①也。虽不当位，有与也。

【译白】《象传》说："来徐徐"，是因为想通过礼贤下士来摆脱困境。虽然九四所处的位置既不中也不正，但是能得到初六的支持（九四与初六相应）。

【原文】九五，劓刖^②。困于赤绂，乃徐有说^③，利用祭祀。

【译白】九五，上下都被毁伤，犹如割鼻断足。虽然位于九五之尊，却没有群臣拜服，身处这种困境将慢慢得到解脱，利于举行祭祀典礼来申明自己的至诚之心。

【原文】《象》曰："劓刖"，志未得也。"乃徐有说"，以中直也。"利用祭祀"，受福也。

---

① 志在下：困卦九四与初六相应，九四欲提携初六，故曰"志在下"。
② 劓刖（yì yuè）：割鼻断足，形容处境极其危险。割鼻曰"劓"，断足曰"刖"，二者都是古时的酷刑。九五上有上六之危，下有六三、初六之害，又不与九二相应，上下都受伤，犹如割鼻断足，故曰"劓刖"。
③ 乃徐有说（tuō）：说，通"脱"，摆脱，解脱。九五虽处境极危，但与九二"君子"同为阳爻，志同德合，二者慢慢亲近，终能摆脱困境，故曰"乃徐有说"。

【译白】《象传》说："劓刖"，是说志向受阻，进退难行。"乃徐有说"，是因为中正刚直，坚守正道。"利用祭祀"，是说上天将会降下福祉。

【原文】上六，困于葛藟①，于臲卼②。曰动悔有③悔，征吉。

【译白】上六，被藤蔓缠缚，惶恐不安。微微一动，便会有所悔恨，行动更是悔而又悔，远征则会带来吉祥。

【原文】《象》曰："困于葛藟"，未当也。"动悔有悔"，吉行也。

【译白】《象传》说："困于葛藟"，是因为上六所处的位置不当。"动悔有悔"，象征困顿至极，有所悔改，未来将会逢凶化吉。

---

① 葛藟（lěi）：泛指藤类的植物。
② 臲卼（niè wù）：惶恐不安的样子。
③ 有（yòu）：通"又"，表示重复或继续。

䷯ 水风井

【原文】井：改邑不改井。无丧无得。往来井井。汔^①至，亦未缟^②井，羸^③其瓶，凶。

【译白】井卦象征济用无穷：城镇可以迁移，而水井却不会迁移。井水用之不尽，蓄之不盈。居民往来都从井中汲水为用。水快要打上来了，绳子还没有提到井口，却打破了盛水的陶瓶，凶险。

【原文】《象》曰：巽乎水而上水，井。井养而不穷也。"改邑不改井"，乃以刚中也。"汔至，亦未缟井"，未有功也。"羸其瓶"，是以凶也。

【译白】《象传》说：下巽为绳，为入；上坎为水。将井绳伸入井中，将水打上来，这就是井卦的象征。井水养育万民，无穷无尽。"改邑不改井"，是因为阳爻居于中位，恪

---

① 汔（qì）：接近，差不多。
② 缟（yù）：井绳，从井里打水用的绳子。
③ 羸（léi）：损坏。

守中道。"汔至，亦未繘井"，是说功用没有发挥出来。"羸其瓶"，因此有所凶险。

【原文】《象》曰：木上有水，井。君子以劳民劝相[1]。

【译白】《象传》说：下巽为木，上坎为水，木桶汲水而上，这就是井卦的象征。君子观此卦象，应当慰劳民众，倡导助人为乐的社会风尚。

【原文】初六，井泥不食，旧井无禽。

【译白】初六，井底淤泥堆积，井水无法食用，这样一口荒废的老井，连禽鸟都不来光顾。

【原文】《象》曰："井泥不食"，下也。"旧井无禽"，时舍[2]也。

【译白】《象传》说："井泥不食"，是因为初六以阴柔处于井卦最下的位置，象征井底的淤泥。"旧井无禽"，是因为时过境迁，物是人非，已经被时道抛弃。

---

[1] 劳民劝相（xiàng）：慰劳民众，劝勉人们互相帮助。
[2] 时舍（shě）：被时道抛弃。井以济用为功，但井水却不能食用，因此被人弃置，无人修缮，井水亦成一潭死水，连禽鸟也不来啜饮。

【原文】九二，井谷射鲋①，瓮敝②漏。

【译白】九二，从井底的凹穴处射取小鱼，汲水的陶瓮损坏而漏水。

【原文】《象》曰："井谷射鲋"，无与也。

【译白】《象传》说："井谷射鲋"，是因为九二不与九三亲比，不与九五相应，在上无人接应，所以难成济用之功。（但九二亲比初六，因此向下蓄养小鱼小虾。）

【原文】九三，井渫③不食，为我心恻④。可用汲，王明并受其福。

【译白】九三，淘干净了井底的淤泥，但井水还是没人食用，为此我十分悲伤。终于可以汲水食用了，君王贤明，使天下苍生都受到他的福泽。

【原文】《象》曰："井渫不食"，行恻也。求"王明"，受福也。

---

① 射鲋：鲋，小鱼。九二居下巽中位，下巽为鱼，上坎为弓，以弓射鱼，故曰"射鲋"。
② 敝：破旧，损坏。
③ 渫（xiè）：淘去污泥，使水清洁。
④ 恻：悲伤，悲痛。

【译白】《象传》说:"井渫不食",是说贤人有"治井"之才却不被认可,行道受阻,因此悲伤感叹。希求"王明",是说君王像从井中汲水一样重用贤才,发挥他们的聪明才智,才能使万民受福。

【原文】六四,井甃^①,无咎。

【译白】六四,将井壁用砖瓦砌好,没有灾祸。

【原文】《象》曰:"井甃,无咎",修井也。

【译白】《象传》说:"井甃,无咎",是说六四虽然没有济物之功,但是善于修治,因此可以保证"井"不被荒废。

【原文】九五,井洌,寒泉食。

【译白】九五,井水甘洌可口,就像山中的寒泉一样,可供天下人饮用。

【原文】《象》曰:"寒泉"之食,中正也。

【译白】《象传》说:像"寒泉"一样可供饮用,是因为九五位置中正,行为不偏不倚,内心纯正无私。(因此能体现井水滋润万物、泽被苍生的美德。)

---

① 甃(zhòu):用砖瓦修砌井壁。

【原文】上六，井收，勿幕^①。有孚，元吉。

【译白】上六，从井中打完水之后，不要掩盖井口（自利之后继续发扬利他之功）。内心满怀一片诚心，定能带来大吉大利。

【原文】《象》曰："元吉"在上，大成也。

【译白】《象传》说："元吉"降临在井卦最上面的上六身边，是因为上六为他人提供了方便，意味着井卦普利万物的功业大成。

---

① 幕：遮盖，掩盖。

䷰泽火革

【原文】革：己日①乃孚，元亨，利贞，悔亡。

【译白】革卦象征革故：在己日革除旧制，能够使民众信服，大为亨通，利于占问，使悔恨消失。

【原文】《彖》曰：革，水火相息，二女同居，其志不相得，曰革。"己日乃孚"，革而信之。文明以说②，大亨以正。革而当，其悔乃亡。天地革而四时成。汤武革命③，顺乎天而应乎人。革之时大矣哉！

【译白】《彖传》说：革卦下离为火，上兑为泽，泽水能熄灭大火，大火能蒸发泽水，水火相息，犹如家中一同居住的两个女儿，志趣并不相合，终将生变。"己日乃孚"，是说变革要使民众信从。下离为明，上兑为悦，文明而喜悦，因为坚

---

① 己日：古时以十天干配十二地支纪日，己为十天干第六，为阴柔之日，是古时祭祀的吉日。古本多作"巳日"。
② 说（yuè）：同"悦"，喜悦。
③ 汤武革命：革命，革除旧王朝的天命，使君王易姓，朝代变换。此指商汤和周武王以武力推翻暴君的革命运动。

守正道，所以大为亨通。变革适时而正当，灾祸就会消失。天地不断变革，因此四季不断变换。商汤推翻夏桀的暴政建立商朝，周武王推翻商纣的暴政建立周朝，顺应天道并应合百姓的愿望。革卦与时偕行的意义真伟大啊！

【原文】《象》曰：泽中有火，革。君子以治历明时。

【译白】《象传》说：革卦下离为火，上兑为泽，泽中有火，这就是革卦的象征。君子观此卦象，应当根据天地万物变革的规律制定历法，阐明时令。

【原文】初九，巩用黄牛之革①。

【译白】初九，用黄牛皮做的革带绑东西。

【原文】《象》曰："巩用黄牛"，不可以有为也。

【译白】《象传》说："巩用黄牛"，是因为此时还不宜有所作为。

【原文】六二，己日乃革之，征吉，无咎。

---

① 巩用黄牛之革：巩，用皮革绑东西。初九以阳刚居于初爻，又不与九四相应，上无应援，不宜妄动，因此需要自我巩固。又黄于五色居中，牛为温顺之畜，君子恪守中顺之道而自固，故曰"巩用黄牛之革"。

【译白】六二，在己日进行改革，远征吉祥，没有灾祸。

【原文】《象》曰："己日""革之"，行有嘉也。

【译白】《象传》说："己日""革之"，此时行动一定会得到褒奖。

【原文】九三，征凶，贞厉。革言三就①，有孚。

【译白】九三，远征会有凶险，要坚守正道，心怀惕厉。变革多次，已初见成效，就应当心怀诚信。

【原文】《象》曰："革言三就"，又何之矣？

【译白】《象传》说："革言三就"，是说变革顺时顺理，势在必行，难道还有别的路吗？

【原文】九四，悔亡，有孚改命。吉。

【译白】九四，灾祸已经消除，仍旧需要心存诚信从而革除旧的事物，吉祥。

【原文】《象》曰："改命"之吉，信志也。

---

① 就：成功，完成。

【译白】《象传》说："改命"的吉祥，是因为这符合变革的志向。

【原文】九五，大人虎变，未占有孚。

【译白】九五，身份高贵的大人像猛虎一样进行变革，不用占问就知道一定能受天下人信服。

【原文】《象》曰："大人虎变"，其文炳也。

【译白】《象传》说："大人虎变"，是因为才华像猛虎的花纹一样鲜明亮丽。

【原文】上六，君子豹变，小人革面。征凶，居贞吉。

【译白】上六，文质彬彬的君子像花豹一样进行变革，小人改头换面。远征会有凶险，安守正道则吉祥。

【原文】《象》曰："君子豹变"，其文蔚也。"小人革面"，顺以从君也。

【译白】《象传》说："君子豹变"，是因为才华像花豹的花纹一样美丽。"小人革面"，是为了顺从君上进行变革的政令。

䷱火风鼎

【原文】鼎：元吉亨。

【译白】鼎卦象征鼎新：大吉，亨通。

【原文】《彖》曰：鼎，象也。以木巽火，亨^①饪也。圣人亨以享上帝，而大亨以养圣贤。巽而耳目聪明。柔进而上行，得中而应乎刚。是以元亨。

【译白】《彖传》说：鼎卦，象征烹饪的鼎器。下巽为木，上离为火，用木材生火，是在进行烹饪。圣人烹饪以供天帝享用，又大量烹饪，用来济养圣贤。性情卑顺，耳聪目明。阴柔向上行进，六五占据上卦中位并与九二相应，二者刚柔并济。因此大为亨通。

【原文】《象》曰：木上有火，鼎。君子以正位凝命。

【译白】《象传》说：鼎卦下巽为木、上离为火，木上

---

① 亨（pēng）：同"烹"，烹饪。其后"圣人亨""大亨"皆作此解。

生火，这就是鼎卦的象征。君子观此卦象，应当端正自己的位置，坚守自己的使命。

【原文】初六，鼎颠趾，利出否①。得妾以其子，无咎。

【译白】初六，鼎足倾倒，却顺利倒出了鼎内的污秽之物。纳妾可以生子，没有灾祸。

【原文】《象》曰："鼎颠趾"，未悖也。"利出否"，以从贵②也。

【译白】《象传》说："鼎颠趾"，看似违背常理，其实并不反常。"利出否"，是为了顺从贵人的心意。

【原文】九二，鼎有实。我仇有疾③，不我能即④，吉。

【译白】九二，鼎中盛有烹饪好的食物。我的仇人对我有害，不能让他靠近我，吉祥。

---

① 否（pǐ）：恶，坏的。此指污秽。
② 从贵：初六与九四相应，欲上行与九四相合，又初六居鼎卦最下位，象征鼎足，鼎足不安欲动，因此鼎身翻覆，污秽倾出，有吐故纳新之意，故曰"从贵"。
③ 我仇有疾：仇为相对之意，阴阳相对，九二刚中，应于六五之君，应居中自守，然初六亲比于九二，若九二下就初六，则刚中之德有害，故曰"我仇有疾"。
④ 即：接近，靠近。

【原文】《象》曰："鼎有实"，慎所之也。"我仇有疾"，终无尤也。

【译白】《象传》说："鼎有实"，好比人有真才实干，应当谨慎行事。"我仇有疾"，但因无隙可乘，所以最终没有过失。

【原文】九三，鼎耳革①，其行塞②，雉膏不食③。方雨亏悔④，终吉。

【译白】九三，鼎的耳部变形，烹饪的过程并不顺利，鼎中的野鸡肉无法食用。但是等到阴阳调和、春风化雨之际，悔恨就能消除，最后获得吉祥。

【原文】《象》曰："鼎耳革"，失其义也。

【译白】《象传》说："鼎耳革"，于义理有所偏失。

---

① 鼎耳革：鼎卦初至五互正反兑，兑为折毁，九三居中做主爻，象鼎耳。上下折毁，鼎耳变形，故曰"鼎耳革"。
② 其行塞：九三与上九不相应，两爻互变，火风鼎成雷水解，解卦下坎为多眚之舆，上震覆艮为止，故曰"其行塞"。
③ 雉膏不食：膏，肥肉。鼎卦三至五互兑为口，上离为雉，本为烹雉为食，但今变为解卦，上离之"雉"与互兑之"口"皆消失，故曰"雉膏不食"。
④ 方雨亏悔：火风鼎变为雷水解，解卦为阴阳调和，雷雨疏通滞塞之象（见前文《☳☵雷水解》篇），如此则悔恨消失，故曰"方雨亏悔"。亏，亏损，消失。

【原文】九四，鼎折足^①，覆公𫗧^②。其形渥^③，凶。

【译白】九四，鼎足折断，打翻了王公烹饪的食物。鼎身被洒出来的食物弄脏，凶险。

【原文】《象》曰："覆公𫗧"，信如何^④也？

【译白】《象传》说："覆公𫗧"，怎么值得相信呢？

【原文】六五，鼎黄耳^⑤，金铉^⑥。利贞。

【译白】六五，鼎耳为黄色，装上坚固的举鼎器具，利于坚守正道。

【原文】《象》曰："鼎黄耳"，中以为实也。

---

① 鼎折足：九四以阳刚之才上承六五阴柔之君，为匡君辅国之贤臣。然九四与初六相应，向下重用阴柔小人，故其事败。初六又象征鼎足，故曰"鼎折足"。
② 𫗧（sù）：鼎中的食物。
③ 渥（wò）：沤泡，沾湿。此指粥食洒出来，将鼎身弄脏。
④ 信如何：初四身负匡君辅国之大任，却重用小人，不为人信服，故曰"信如何"。
⑤ 鼎黄耳：举鼎在于提耳，故主爻六五取象为耳。又黄色五行居中，有中顺之德，故曰"鼎黄耳"。
⑥ 铉（xuàn）：古时的举鼎器具，呈钩状，举鼎时用以提鼎两耳。古时鼎为立国重器，被视为君权的象征，而铉则被视为正君之臣。

【译白】《象传》说："鼎黄耳"，是说六五合乎中道，有九四辅助，又有九二应援，君位坚实，天下大治。

【原文】上九，鼎玉铉，大吉，无不利。

【译白】上九，给鼎装上玉制的举鼎器具，大吉，没有什么不利。

【原文】《象》曰："玉铉"在上，刚柔节①也。

【译白】《象传》说："玉铉"处在鼎卦最上方，正好刚柔相济。

---

① 刚柔节：节，适度。玉为刚强且温润之物，上九以阳爻处阴位，又与六五之君亲比，刚柔并济，故曰"刚柔节"。

䷲ 震为雷

【原文】震: 亨。震来虩虩①, 笑言哑哑②。震惊百里, 不丧匕鬯③。

【译白】震卦象征惊雷, 亨通。当惊雷震动, 万物恐惧, 然而只要心怀戒惧, 持正不阿, 就能笑言如故, 坦然处之。雷声震惊百里, 而庙中主持祭祀的人却从容不迫, 手中的祭品从未失落, 以至诚之心继续举行祭祀典礼。

【原文】《彖》曰:"震: 亨。震来虩虩", 恐致福也; "笑言哑哑", 后有则也。"震惊百里", 惊远而惧迩④也。"不丧匕鬯", 出可以守宗庙社稷, 以为祭主⑤也。

【译白】《彖传》说:"震, 亨。震来虩虩", 是因为恐

---

① 虩(xì)虩: 形容恐惧的样子。
② 哑(è)哑: 边说边笑的样子。此处形容君子闻惊雷而坦然处之。
③ 匕鬯(chàng): 匕, 古时用来取食的器具, 类似现在的汤勺。鬯, 祭祀用的香酒。指宗庙祭祀仪式。
④ 迩(ěr): 近, 与"远"相对。
⑤ 祭主: 主持祭祀的人。

惧能使人自省修身，给人带来福分；"笑言哑哑"，是说内心有了戒惧，就有了为人处世的原则，不失原则，行事就能坦然了。"震惊百里"，是说使远近的人都感到惊惧。"不丧匕鬯"，是说君子出现后可以保守宗庙社稷，因此让他来主持祭祀。

【原文】《象》曰：洊①雷，震。君子以恐惧修省②。

【译白】《象传》说：上下卦都为雷，雷声连续传来，这就是震卦的象征。君子观此卦象，应当心怀戒惧，修身省过。

【原文】初九，震来虩虩，后笑言哑哑，吉。

【译白】初九，雷声响起，万物惊惧，但是君子明白心怀戒惧、修身省过的道理，因此后来笑言如故，坦然处之。吉祥。

【原文】《象》曰："震来虩虩"，恐致福也。"笑言哑哑"，后有则也。

【译白】《象传》说："震来虩虩"，是因为恐惧能使人自修自慎，给人带来福分。"笑言哑哑"，是说内心有了戒

---

① 洊（jiàn）：一次又一次，接连不断地。
② 省（xǐng）：反省。

备，就有了为人处世的原则，不失原则，行事就能坦然了。

【原文】六二，震来，厉。亿①丧贝②，跻于九陵③，勿逐，七日得④。

【译白】六二，惊雷骤至，有危险。财物大量丢失，这时要登到极高的山头上躲避好，不要去追逐丢失的财物，七天之后自然会失而复得。

【原文】《象》曰："震来，厉"，乘刚也。

【译白】《象传》说："震来，厉"，是因为六二以阴柔凌驾于初九阳刚之上，因此有危险。

【原文】六三，震苏苏⑤，震行无眚⑥。

【译白】六三，雷声使人感到恐惧不安，但是恐惧能让人谨慎行事，所以不会有灾祸。

---

① 亿：通"噫"，语气词。
② 贝：古时以贝类为钱币，故指财物。
③ 跻（jī）于九陵：跻，攀登。九为极阳之数，陵为高地。九陵，指极高的地方。
④ 七日得：六二居下震中位为中，以阴爻处阴位为正，惊雷到来，当持中守正，故远避而自守，待惊雷远去，一切恢复如常，即失而复得。一卦共六爻，上行过六爻为一轮回，于第七爻回归本位，故曰"七日得"。
⑤ 苏苏：形容恐惧不安的样子。
⑥ 眚（shěng）：灾祸。

【原文】《象》曰："震苏苏"，位不当也。

【译白】《象传》说："震苏苏"，是因为六三爻所处的位置不当（居下震上位，不中；以阴爻处阳位，不正）。

【原文】九四，震遂泥^①。

【译白】九四，雷声震动时，陷入淤泥之中不能自拔。

【原文】《象》曰："震遂泥"，未光也。

【译白】《象传》说："震遂泥"，是说因失位而不能光大内心的志气。

【原文】六五，震往来，厉。亿无丧，有事^②。

【译白】六五，雷声阵阵，危险异常。以戒惧之心谨守中道就不会再损失什么，宗庙社稷也可以长盛不衰。

【原文】《象》曰："震往来，厉"，危行也。其事在中，大无丧也。

---

① 震遂泥：九四以阳爻处阴位，失阳刚之道，又居上卦下位，其位不中，无中正之德，又陷于众阴爻之间，不能自我振奋，故曰"震遂泥"。
② 事：功业。此指宗庙社稷，帝王基业。

【译白】《象传》说："震往来，厉"，是说此时行动有所危险，应该贞顺自守。侍奉宗庙社稷谨守中道，就不会有什么大的损失。

【原文】上六，震索索①，视矍矍②，征凶。震不于其躬，于其邻，无咎。婚媾有言③。

【译白】上六，雷声使人感到恐惧不安，两眼惊慌四顾不知所措，远征会有凶险。但落雷不会降到自己头上而会降到邻近自己的地方，对自己只起到警示作用，没有灾祸。涉及男女婚配之事，则有人口出怨言。

【原文】《象》曰："震索索"，未得中也。虽凶无咎，畏邻戒也。

【译白】《象传》说："震索索"，是因为上六所处的位置有失中道。虽然凶险，但没有灾祸，是因为看到邻近的危险已经有所戒备。

---

① 索索：形容恐惧不安的样子。
② 矍（jué）矍：惊恐地四处张望。
③ 婚媾有言：震卦初九至上六，雷声渐进而行，到上六极位时，受到警诫而不敢再进，犹如男女同行而有人反悔，故曰"婚媾有言"。

☶艮为山

【原文】艮：艮其背，不获其身[1]。行其庭不见其人，无咎。

【译白】艮卦象征抑止：转过身背对，使对方看不到自己的前身。犹如两个人背对着在庭院中散步，各不相见，各自悠然，如此则没有灾祸。

【原文】《彖》曰：艮，止也。时止则止，时行则行，动静不失其时，其道光明。艮其止，止其所也。上下敌应[2]，不相与也，是以"不获其身。行其庭不见其人，无咎"也。

【译白】《彖传》说：艮，意思就是停止。该停止的时候就停止，该行动的时候就行动，动静不失时机，前途一片光

---

① 艮其背，不获其身：谓止欲安心，忘我之境。程颐《周易程氏传》曰："人之所以不能安其止者，动于欲也。欲牵于前而求其止，不可得也。故艮之道，当艮其背。所见者在前，而背乃背之，是所不见也。止于所不见，则无欲以乱其心，而止乃安。不获其身，不见其身也，谓忘我也。"

② 敌应：六爻卦上下卦同一位置的卦爻同为阴爻或阳爻为敌应，一阴一阳为相应。

明。艮卦所说的"止"，是说"止"在应该停止的地方。上下卦每一爻都互相敌应，阴阳不能并济，因此"不获其身。行其庭不见其人，无咎"。

【原文】《象》曰：兼山，艮。君子以思不出①其位。

【译白】《象传》说：艮卦上下都为山，一山连一山，行当所止，这就是艮卦的象征。君子观此卦象，应当仔细考虑自身的行动，一言一行都要恰如其分，不要超出自己所处的位置。

【原文】初六，艮其趾，无咎。利永贞。

【译白】初六，停止向前的脚步，没有灾祸。利于长久保持贞正。

【原文】《象》曰："艮其趾"，未失正也。

【译白】《象传》说："艮其趾"，是说没有偏离正道。

【原文】六二，艮其腓，不拯其随，其心不快。

【译白】六二，停止小腿的行动，不能迈步追随自己想要

---

① 出：超出，超过。

追随的人，心中有所不快。

【原文】《象》曰："不拯其随"，未退听也。

【译白】《象传》说："不拯其随"，又不能退下来听从抑止的意见，因此心中有所不快。

【原文】九三，艮其限①，列其夤②，厉薰心③。

【译白】九三，停止腰部的活动，脊背的肉被撕裂，内心像被烈火灼烧一样为危难而担忧。

【原文】《象》曰："艮其限"，危薰心也。

【译白】《象传》说："艮其限"，是说行动被抑止，对危难的忧虑常常熏灼内心。

【原文】六四，艮其身④，无咎。

【译白】六四，停止躯干的活动，没有灾祸。

---

① 限：腰部。
② 列其夤（yín）：列，通"裂"，分裂。夤，背脊肉。撕裂后背的肉。
③ 薰心：心受熏灼。形容愁苦。
④ 身：躯干。

【原文】《象》曰："艮其身"，止诸躬也。

【译白】《象传》说："艮其身"，是说能够控制自身的行动，当止则止，独善其身。

【原文】六五，艮其辅，言有序，悔亡。

【译白】六五，控制嘴边颊骨的活动，不乱说话，说出的话很有条理，悔恨消失。

【原文】《象》曰："艮其辅"，以中正也。

【译白】《象传》说："艮其辅"，是说六五爻居于上卦中位，合乎中道。

【原文】上九，敦艮，吉。

【译白】上九，以坚定、笃实的态度自我节制，吉祥。

【原文】《象》曰："敦艮"之"吉"，以厚终也。

【译白】《象传》说："敦艮"之"吉"，是因为上九自始至终都能保持敦厚的德行。

风山渐

【原文】渐：女归吉，利贞。

【译白】渐卦象征循序渐进：女子出嫁吉祥（古时嫁娶的礼仪繁杂，需要循序渐进），坚守正道即可获得吉祥。

【原文】《彖》曰：渐之进也，女归吉也。进得位，往有功也。进以正，可以正邦也，其位刚得中也。止而巽，动不穷也。

【译白】《彖传》说：循序渐进，女子出嫁吉祥。前进各得其位，前往必有收获。遵循正道前进，可以安邦定国。九五爻的位置以阳刚占据上卦中位。下艮（内卦）抑止，上巽（外卦）卑顺，象征内心静止，外表和顺，这样行动起来就不会有所困顿。

【原文】《象》曰：山上有木，渐。君子以居贤德善俗。

【译白】《象传》说：下艮为山，上巽为木，山上树木渐渐生长，这就是渐卦的象征。君子观此卦象，应当修贤立德，移风易俗。

【原文】初六，鸿渐于干①，小子厉，有言无咎。

【译白】初六，鸿雁慢慢降落到水岸边，年幼无知的孩童遇到危险，对他进行安慰鼓励就没有灾祸。

【原文】《象》曰："小子之厉"，义无咎也。

【译白】《象传》说："小子之厉"，是说阴柔之人不明事理，所以有所危惧，但只要发挥阴柔之才，渐渐而进，就没有灾祸。

【原文】六二，鸿渐于磐，饮食衎衎②，吉。

【译白】六二，鸿雁慢慢降落到磐石上，饮食和乐，怡然自得，吉祥。

【原文】《象》曰："饮食衎衎"，不素饱③也。

【译白】《象传》说："饮食衎衎"，这绝非尸位素餐、

---

① 干（gān）：水畔，岸边。
② 衎（kàn）衎：怡然自得的样子。
③ 不素饱：素，白，不付代价。六二既得中又得正，象征中正的君子。又六二与九五相应，九五为中正之君。中正的君子遇中正的君王，教化之功大显，因此享受饮食怡然自得，绝非白白享受俸禄，故曰"不素饱"。

空饱饮食而已。

【原文】九三，鸿渐于陆。夫征不复，妇孕不育，凶。利御寇。

【译白】九三，鸿雁慢慢降落到陆地上。丈夫远征一去不回，妻子怀孕难以生育，凶险。利于抵御盗寇。

【原文】《象》曰："夫征不复"，离群丑[①]也。"妇孕不育"，失其道也。"利用御寇"，顺相保也。

【译白】《象传》说："夫征不复"，是说九三脱离同类。"妇孕不育"，是说妻子有失妇道。"利用御寇"，是说顺时进退能使夫妻和顺相保。

【原文】六四，鸿渐于木，或得其桷[②]，无咎。

【译白】六四，鸿雁慢慢飞到树木上，或许能找到平直的树枝得以栖息，没有灾祸。

---

① 离群丑：丑，类。九三不与上九相应，只好与情意不合的六四相亲，但因为没有感情，因此一去不回。渐卦只九三爻不善，其余爻辞皆吉，故曰"离群丑"。

② 或得其桷（jué）：桷，本意指方形的椽子，此指平直像桷的树枝。六四以阴柔凌驾九三之上，九三必不甘而欲进，因此六四如登高木，有所不安，犹如鸿雁进入树林。鸿雁为游禽，足趾连蹼，不适于抓握树枝，因此必寻平直的树枝方可栖息，故曰"或得其桷"。

【原文】《象》曰："或得其桷"，顺以巽①也。

【译白】《象传》说："或得其桷"，是因为六四谦卑温顺。

【原文】九五，鸿渐于陵。妇三岁不孕，终莫之胜②，吉。

【译白】九五，鸿雁慢慢飞到高山上。妻子三年没有身孕，但最终一定能心想事成，吉祥。

【原文】《象》曰："终莫之胜，吉"，得所愿也。

【译白】《象传》说："终莫之胜，吉"，是说实现了夫妇聚首的愿望。

【原文】上九，鸿渐于陆③，其羽可用为仪，吉。

【译白】上九，鸿雁慢慢飞回陆地上，洁美的羽毛可以美

---

① 顺以巽：六四居上卦下位，且位置正当，合乎正道。上巽为卑顺，故曰"顺以巽"。

② 妇三岁不孕，终莫之胜：九五与六二相应，但被九三、六四阻隔，九三亲比六二，六四亲比九五，重重妨碍，使九五、六二中正夫妻不得相合，故曰"妇三岁不孕"。但九五、六二于理当合，邪不胜正，最后一定相合，故又曰"终莫之胜"。

③ 陆：此字程颐《周易程氏传》引"安定先生"胡瑗《周易口义》当作"逵"，为飞入九天之意。

化仪表，吉祥。

【原文】《象》曰:"其羽可用为仪，吉"，不可乱也。

【译白】《象传》说:"其羽可用为仪，吉"，是说上九高洁的志向是不可以被淆乱的。

䷵雷泽归妹

【原文】归妹：征凶，无攸利。

【译白】归妹卦象征嫁女：远征会有凶险，没有什么好处。

【原文】《彖》曰：归妹，天地之大义也。天地不交而万物不兴。归妹，人之终始也。说①以动，所归妹也。"征凶"，位不当也。"无攸利"，柔乘刚也。

【译白】《彖传》说：归妹卦阐明了天地大义。如果天地阴阳之气不互相交合，那么天地万物就不会兴盛。嫁女婚配，是人类繁衍的归宿与起点。下兑为悦，上震为动，喜悦而健动，是因为少女找到如意郎君。"征凶"，是因为各爻所处的位置不当。"无攸利"，是因为阴柔凌驾于刚强之上。

【原文】《象》曰：泽上有雷，归妹。君子以永终知敝。

---

① 说（yuè）：同"悦"，喜悦。

【译白】《象传》说：归妹卦下兑为泽，为少女；上震为雷，为长男。少女与长男婚配，这就是归妹卦的象征。君子观此卦象，应当明白万物有终、好事易坏的道理，因此永远提醒自己，要使夫妻、君臣等关系和谐，防止关系破裂。

【原文】初九，归妹以娣①。跛能履，征吉②。

【译白】初九，妹妹作为偏房为姐姐陪嫁。一只脚瘸了，另一只脚还能走路，远征可以获得吉祥。

【原文】《象》曰："归妹以娣"，以恒也。"跛能履"，吉相承也。

【译白】《象传》说："归妹以娣"，是说初九的贤良能使夫妻关系长久和谐。"跛能履"，是说初九能以偏房的地位照顾和辅佐丈夫，能够带来吉祥。

【原文】九二，眇能视，利幽人之贞。

【译白】九二，一只眼睛瞎了，另一只眼睛还能看见东

---

① 归妹以娣（dì）：古时诸侯嫁女，常以所嫁之女的妹妹作为陪嫁者，称为"娣"。归妹卦初九不与九四相应，位置又为最下，为"娣"之象，故曰"归妹以娣"。

② 跛能履，征吉：初九之"娣"以阳刚自居，虽贤良却地位低下，只能独善其身，犹如一只脚瘸了勉强走路，故曰"跛能履"。又初九之善恰如其分，故曰"征吉"。

西，利于幽静之人守持贞正。

【原文】《象》曰："利幽人之贞"，未变常也。

【译白】《象传》说"利幽人之贞"，是因为没有违背常理。

【原文】六三，归妹以须①，反归以娣。

【译白】六三，少女没有找到中意的情郎，一直待嫁，最后却作为姐姐的陪嫁者，做了偏房。

【原文】《象》曰："归妹以须"，未当也。

【译白】《象传》说："归妹以须"，是因为六三求娶的方式不当。

【原文】九四，归妹愆②期，迟归有时。

【译白】九四，少女出嫁延误了约定的日期，只好等往后吉时再临时出嫁。

【原文】《象》曰："愆期"之志，有待而行也。

---

① 须：等待。
② 愆（qiān）：延误（期限）。

【译白】《象传》说："愆期"的本意，是等遇见更好的郎君再嫁。

【原文】六五，帝乙归妹。其君之袂，不如其娣之袂良。月几望^①，吉。

【译白】六五，帝乙嫁女。正室的服饰还不如侧室的服饰华丽。月亮将要盈满但还没有盈满，吉祥。

【原文】《象》曰："帝乙归妹""不如其娣之袂良"也。其位在中，以贵行也。

【译白】《象传》说："帝乙归妹""不如其娣之袂良"，是因为六五居上卦中位，合乎中道，又以阴爻居阳位，有屈尊降贵之德行。

【原文】上六，女承筐，无实。士刲^②羊，无血。无攸利。

【译白】上六，女子背的筐里没有蔬菜果实。男子宰羊，

---

① 月几望：月以圆满之时为"望"（农历每月十五或十六），以消隐之时为"朔"（农历每月初一或三十）。几，将近，差不多。结合前句，帝王之女尊贵，但其尊贵在内心之德而不在外表之饰，如月亮将近圆满但始终不至极点。月盈则亏，不盈则不亏，因此能得长久，故曰"月几望"。

② 刲（kuī）：用刀刺或割。

却不见羊流血。没有什么好处。

【原文】《象》曰：上六"无实"，承虚筐也。

【译白】《象传》说：上六"无实"，是说妻子背着一个空筐。（果品、牲畜都用于祭祀祖先，没有祭品，说明夫妻关系破裂，立家之本动摇。）

䷶雷火丰

【原文】丰：亨。王假^①之，勿忧，宜日中。

【译白】丰卦象征富足丰实：亨通。君王治理天下，能使天下达到富足丰实的状态，不必担心君王的能力，等到君王如日中天，光辉普照万民的时候，自然能够成功。

【原文】《彖》曰：丰，大也。明以动，故丰。"王假之"，尚大也。"勿忧，宜日中"，宜照天下也。日中则昃，月盈则食，天地盈虚，与时消息^②，而况于人乎，况于鬼神乎？

【译白】《彖传》说：丰，意思就是大。下离为明，上震为动，光明而震动，因此称为"丰"。"王假之"，是因为崇尚富足。"勿忧，宜日中"，是说君王应该无所偏私，遍照天下。太阳到了中午就要开始偏斜，月亮一旦盈满就要开始亏

---

① 假（gé）：通"格"，至，到。同《䷥火泽睽》《䷬泽地萃》两篇之"假"。

② 消息：阴增阳减曰"消"，阴减阳增曰"息"。见前文《䷖山地剥》篇。

损，天地万物盈虚交替，阴阳四时变化有道，何况是人呢？何况是鬼神呢？

【原文】《象》曰：雷电皆至，丰。君子以折狱致刑。

【译白】《象传》说：丰卦下离为电、上震为雷，雷电交加，这就是丰卦的象征。君子观此卦象，应当断案有方，量刑适当。

【原文】初九，遇其配主①，虽旬②无咎。往有尚③。

【译白】初九，遇见志同道合、可以互助的伙伴，尽管两者阳德相均衡，但没有灾祸。前往行事能得到佑助。

【原文】《象》曰："虽旬无咎"，过旬灾也。

【译白】《象传》说："虽旬无咎"，但不均衡就有灾祸了。

---

① 配主：可以与之匹配，有助益作用的人。初九与九四位置相应，同为阳爻，可以互相帮助。
② 旬（jūn）：通"均"，均衡，均等。
③ 尚：辅佐，佑助。

【原文】六二，丰其蔀①，日中见斗。往得疑疾②。有孚发若吉。

【译白】六二，日食的阴影越来越大，以至于正午时分看到了天上的星斗。前往将会有所疑虑。若能秉持诚心正意而行，就能获得吉祥。

【原文】《象》曰："有孚发若"，信以发志也。

【译白】《象传》说："有孚发若"，是说通过诚意启发心志。

【原文】九三，丰其沛③，日中见沫④。折其右肱⑤，无咎。

【译白】九三，日食的阴影进一步扩大，以至于只能看见天上微小的星辰。右臂被折断，难以有所作为，但没有大的灾祸。

---

① 蔀（bù）：覆盖于棚架上，用来遮蔽阳光的草席。引申为遮蔽。此指日食的阴影。
② 往得疑疾：丰卦二至四互巽为入，二至五互四画坎为心病，继续深入将犯多疑之心病，故曰"往得疑疾"。
③ 沛：帷幔，遮光效果比"蔀"更好，此指日食的阴影进一步扩大。
④ 沫（mèi）：通"昧"，微小幽暗。此指微小的星星，光芒比"斗"更弱。
⑤ 肱（gōng）：胳膊由肘到肩的部分，比喻左膀右臂，强大得力的助手。

【原文】《象》曰："丰其沛"，不可大事也。"折其右肱"，终不可用也。

【译白】《象传》说："丰其沛"，是说不能成就大事。"折其右肱"，是说最终得不到可以倚仗的帮手。

【原文】九四，丰其蔀，日中见斗。遇其夷主①，吉。

【译白】九四，日食的阴影由深变浅，又回到刚开始的幽暗状态，天上又能看见明亮的星斗。遇到了志同道合、可以互助的伙伴，吉祥。

【原文】《象》曰："丰其蔀"，位不当也。"日中见斗"，幽不明②也。"遇其夷主"，吉行也。

【译白】《象传》说："丰其蔀"，是说九四爻所处的位置不当。"日中见斗"，是说天下幽暗无光。"遇其夷主"，是吉祥的行动。

【原文】六五，来章，有庆誉，吉。

【译白】六五，如果有文采斐然的贤明之士前来辅佐，就

---

① 夷主：与"配主"相对，初九称九四为"配主"，则九四称初九为"夷主"。

② 幽不明：九四之臣不中不正，六五之君阴柔，所治天下一片昏暗，故曰"幽不明"。

有福庆，能为人称誉，吉祥。

【原文】《象》曰：六五之"吉"，有庆也。

【译白】《象传》说：六五之"吉"，是说将有喜庆之事。

【原文】上六，丰其屋，蔀其家，窥其户，阒①其无人。三岁不觌②，凶。

【译白】上六，扩建房屋，遮蔽住卧室，窥视他家的情况，一片寂静，好像空无一人。三年都不见其人，孤立自闭，定有凶险。

【原文】《象》曰："丰其屋"，天际翔也。"窥其户，阒其无人"，自藏也。

【译白】《象传》说："丰其屋"，是说因为过于丰实而自高自大，犹如在天际翱翔。"窥其户，阒其无人"，是说外表高大，但内心空虚，无人与之交往，只能离群索居。

---

① 阒（qù）：形容寂静。
② 觌（dí）：相见，察看。

䷷火山旅

【原文】旅：小亨，旅贞吉。

【译白】旅卦象征旅行：小有亨通，在旅行中保持贞正吉祥。

【原文】《彖》曰：旅"小亨"，柔得中乎外而顺乎刚，止而丽乎明，是以"小亨，旅贞吉"也。旅之时义大矣哉！

【译白】《彖传》说：旅卦"小亨"，是因为六五以阴柔占据上卦（外卦）中位，又顺从阳刚，下艮为止，上离为明，恬静安止而又能附丽于光明，因此"小亨。旅贞吉"。旅卦与时偕行的意义真宏大啊！

【原文】《象》曰：山上有火，旅。君子以明慎用刑而不留狱。

【译白】《象传》说：旅卦下艮为山、上离为火，火势在山上迅速蔓延，犹如匆匆赶路的旅人，这就是旅卦的象征。君子观此卦象，应当谨慎断案，不滥用刑狱。

【原文】初六，旅琐琐①，斯其所取灾②。

【译白】初六，旅途中总是纠结细小琐碎的杂事，这就是招来祸患的原因。

【原文】《象》曰："旅琐琐"，志穷灾也。

【译白】《象传》说："旅琐琐"，是意志穷迫带来的祸患。

【原文】六二，旅即次，怀其资，得童仆③，贞。

【译白】六二，旅途中找到一间旅舍住下，携带的盘缠还有很多，又得到家僮和仆人的悉心照料，能够保持贞正。

【原文】《象》曰："得童仆，贞"，终无尤也。

【译白】《象传》说："得童仆，贞"，是说最终没有过失。

【原文】九三，旅焚其次，丧其童仆，贞厉。

---

① 琐琐：疑虑不定的样子。
② 取灾：旅卦二至五互大坎为险，初六前进有险，故曰"取灾"。
③ 童仆：家僮和仆人，泛指奴仆。旅卦六二居中守正，初六柔弱在其下，象服侍之"童"，九三刚强在其外，象助佑之"仆"。

【译白】九三，旅途中寄宿的旅舍失火，失去了照料起居的童仆，占问的结果是危险。

【原文】《象》曰："旅焚其次"，亦以伤矣。以旅与下，其义丧也。

【译白】《象传》说："旅焚其次"，是说将会受到伤害。将童仆视为路人，童仆自然会弃主而去，说明丧失了信义。

【原文】九四，旅于处，得其资斧①。我心不快。

【译白】九四，旅途中找到暂时栖身之处，得到了足够的盘缠。但是我的内心依然不快。

【原文】《象》曰："旅于处"，未得位也。"得其资斧"，心未快也。

【译白】《象传》说："旅于处"，是因为九四所处的位置不中不正。虽然"得其资斧"，但是身处异乡，所以心中不快。

【原文】六五，射雉，一矢亡，终以誉命。

---

① 资斧：资财与器用，泛指旅费、盘缠。

【译白】六五，用弓箭射猎野鸡，明明一箭射中，猎物却不知所踪，但最终还是获得了荣誉，完成了使命。

【原文】《象》曰："终以誉命"，上逮①也。

【译白】《象传》说："终以誉命"，是因为九五向上亲近居高位的贤者。

【原文】上九，鸟焚其巢。旅人先笑后号咷②，丧牛于易③，凶。

【译白】上九，鸟巢被火焰焚烧（高处不能久安）。旅行之人行到最高处，先是得意大笑，然后遭遇祸事而号啕痛哭，牧场的牛丢失了（有失温顺之道），凶险。

【原文】《象》曰：以旅在上，其义焚也。"丧牛于易"，终莫之闻也。

【译白】《象传》说：身为旅客，却在异乡身居高位，理应遭到焚巢之灾。"丧牛于易"，直到最后也没有觉察（冒进而不自知）。

---

① 逮（dài）：到，及。
② 咷：通"啕"，放声痛哭。
③ 易：通"场"，疆场，疆界。

☴巽为风

【原文】巽：小亨，利有攸往，利见大人。

【译白】巽卦象征顺从：小有亨通，利于前往行事，利于出现大人物。

【原文】《彖》曰：重巽以申命，刚巽乎中正而志行，柔皆顺乎刚，是以"小亨，利有攸往，利见大人"。

【译白】《彖传》说：巽卦上下都为顺，上巽传达命令，下巽遵奉命令，九二、九五两阳爻各自奉行中正之道，因此志向得以实现，初六、六四两阴爻分别顺从九二、九五两阳爻，因此"小亨，利有攸往，利见大人"。

【原文】《象》曰：随风，巽。君子以申命行事。

【译白】《象传》说：巽卦上下都为风，一阵风吹过，无所不入，无物不从，这就是巽卦的象征。君子观此卦象，应当适时宣布政令，施行教化之事。

【原文】初六，进退，利武人之贞。

【译白】初六，过度谦卑，进退迟疑，利于勇武之人坚守正道。

【原文】《象》曰："进退"，志疑也。"利武人之贞"，志治也。

【译白】《象传》说："进退"，是因为内心多疑。"利武人之贞"，是说有助于勇武之人修身立志。

【原文】九二，巽在床下①，用史巫纷若②。吉，无咎。

【译白】九二，过度谦卑而屈居床下，像祝史、巫觋那样用谦恭卑顺的态度敬神。吉祥，没有灾祸。

【原文】《象》曰："纷若"之"吉"，得中也。

【译白】《象传》说："纷若"之"吉"，是因为九二占据中位，合乎中道。

---

① 巽在床下：九二为下巽中爻，以阳刚处阴位而在下卦，过于谦卑。而床为人安居之处，九二过于安顺，故曰"巽在床下"。

② 史巫纷若：史巫，祝史和巫觋（xí），泛指古时司祭祀、事鬼神的人。祝史为祝官、史官，司祭祀；巫觋，女者称"巫"，男者称"觋"，事鬼神。纷若，繁盛的样子。

【原文】九三，频巽①，吝。

【译白】九三，意志不坚定，无所适从，处境艰难。

【原文】《象》曰："频巽"之"吝"，志穷也。

【译白】《象传》说："频巽"之"吝"，是因为丧失了心中的大志。

【原文】六四，悔亡②，田获三品③。

【译白】六四，灾祸消失，田猎获得的猎物可供天下享用。

【原文】《象》曰："田获三品"，有功也。

【译白】《象传》说："田获三品"，是说六四的恩惠遍及上下，巽道之功大成。

---

① 频巽：九三以阳刚处下巽上位，虽正不中，又有刚亢之姿，欲顺而不得，屡失屡顺，故曰"频巽"。

② 悔亡：六四阴爻夹于两阳爻之间，应有悔。但六四以阴爻处阴位为正，居上巽下位能顺，善于自处，能避灾祸，故曰"悔亡"。

③ 田获三品：古时田猎之礼，获取的猎物有三种用途，即祭祀、宴请宾客和日常食用。《礼记·王制》曰："天子诸侯无事，则岁三田，一为干豆，二为宾客，三为充君之庖。"干，肉干。豆，一种祭器。干豆，即将猎获物做成肉干放在祭器中供祭祀使用。

【原文】九五，贞吉，悔亡，无不利。无初有终，先庚三日，后庚三日①。吉。

【译白】九五，坚守正道，可以获得吉祥，使灾祸消失，没有什么不利。刚开始行事时，可能不太顺利，但最终一定能成功。提前三天宣布关于改革的政令，给人准备的时间，三天后再实行，不要操之过急，这样才能使上下顺从。吉祥。

【原文】《象》曰：九五之"吉"，位正中也。

【译白】《象传》说：九五之"吉"，是因为所处位置恰当，合乎中正之道。

【原文】上九，巽在床下，丧其资斧。贞凶。

【译白】上九，过于谦卑而屈居床下，失去了赖以谋生的资本（失去阳刚本性）。结果是凶险的。

【原文】《象》曰："巽在床下"，上穷也。"丧其资斧"，正乎凶也。

---

① 先庚三日，后庚三日：庚，十天干第七，本意为变更。事过中则变，十天干戊、己为中，则庚为改革政令之日。"先庚三日，后庚三日"，谓反复申命。

【译白】《象传》说："巽在床下"，是说上九处于巽卦极位，已经无法再卑顺了。"丧其资斧"，说明此时正是凶险的时候。

☱兑为泽

【原文】兑：亨，利贞。

【译白】兑卦象征喜悦：亨通，利于坚守正道。

【原文】《彖》曰：兑，说[1]也。刚中而柔外，说以利贞，是以顺乎天而应乎人。说以先民，民忘其劳；说以犯难，民忘其死。兑之大，民劝矣哉！

【译白】《彖传》说：兑，意思就是喜悦。阳爻占据中位，内心刚强而外表柔顺，喜悦而利于坚守正道，因此顺应天命，感应人心。君子之道使百姓民心大悦，则百姓甘愿为其效力；即使需要百姓冒险，百姓也会前赴后继，舍生忘死。兑卦的功用之大，在于使百姓互相劝勉啊！

【原文】《象》曰：丽泽[2]，兑。君子以朋友讲习。

---

① 说（yuè）：同"悦"，喜悦。
② 丽泽：丽，附丽。二至四互离为丽，故曰"丽泽"。

【译白】《象传》说：兑卦上下都为泽，两泽互相附丽、浸润，这就是兑卦的象征。君子观此卦象，应当与志同道合的朋友一起研讨学业，讲习道义，这是人生最大的乐趣。

【原文】初九，和兑，吉。

【译白】初九，以平和、喜悦的态度与人交往，吉祥。

【原文】《象》曰："和兑"之"吉"，行未疑也。

【译白】《象传》说："和兑"之"吉"，是因为品行端正，不受猜疑。

【原文】九二，孚兑，吉，悔亡。

【译白】九二，以诚信、喜悦的态度与人交往，吉祥，灾祸消失。

【原文】《象》曰："孚兑"之"吉"，信志也。

【译白】《象传》说："孚兑"之"吉"，是因为心志诚信、笃实。

【原文】六三，来兑①，凶。

【译白】六三，前来寻求喜悦，凶险。

【原文】《象》曰："来兑"之"凶"，位不当也。

【译白】《象传》说："来兑"之"凶"，是因为六三所处的位置不当。

【原文】九四，商兑未宁②，介疾有喜③。

【译白】九四，刚居柔位，对喜悦能保持一定的警惕，有所思量，心绪不宁，只有排除不合中正之道的选择，才能带来喜庆。

【原文】《象》曰：九四之"喜"，有庆也。

【译白】《象传》说：九四之"喜"，在于刚正果决，拒绝诱惑，因此值得庆贺。

---

① 来兑：自下而上、自内而外为"往"，自上而下、自外而内为"来"。六三不中不正，夹于两阳爻之间，上下皆可求悦，但阴爻本性向下，失道下行，故曰"来兑"。
② 商兑未宁：商，商度，思量。九四处于中正之九五与不中不正之六三之间，又与六三亲比，内心犹疑，不知求悦于九五抑或六三，故曰"商兑未宁"。
③ 介疾有喜：介，界线，此指划清界限，即排除。九四若求悦于六三，则失其正道，故排除六三求悦于九五，合乎正道则有喜，故曰"介疾有喜"。

【原文】九五，孚于剥，有厉。

【译白】九五，以至诚之心轻信小人之言，会有危险。

【原文】《象》曰："孚于剥"，位正当也。

【译白】《象传》说："孚于剥"，可惜了九五所处的正当位置，应该引以为戒。

【原文】上六，引兑。

【译白】上六，引诱别人一同欢悦。

【原文】《象》曰：上六"引兑"，未光也。

【译白】《象传》说：上六"引兑"，说明光明正大的品性并未显示。

䷺风水涣

【原文】涣：亨。王假有庙^①。利涉大川，利贞。

【译白】涣卦象征涣散：亨通。人心涣散之时，君王莅临宗庙举行祭祀，以祈神灵保佑，收拢人心。利于渡过大河，利于坚守正道。

【原文】《彖》曰："涣，亨"，刚来而不穷，柔得位乎外而上同。"王假有庙"，王乃在中也。"利涉大川"，乘木有功也。

【译白】《彖传》说："涣，亨"，阳爻来居下坎，却不穷极于下，而是居中自处；六四居于上巽下位，位置正当且能顺从九五之君。"王假有庙"，说明九五之君位置中正，能够凝聚民心。"利涉大川"，是因为涣卦下坎为水，上巽为木，木乘于水上，犹如人乘木船从水上渡过，必定能成功。

---

① 王假有庙：同《䷬泽地萃》篇"王假有庙"。涣卦象征涣散，萃卦象征萃聚，人心涣散则应当从中心聚集，故君王治"涣"应以"萃"之道。

【原文】《象》曰：风行水上，"涣"。先王以享于帝立庙。

【译白】《象传》说：涣卦下坎为水，上巽为风，风行水上，平静的水面被风吹散，这就是涣卦的象征。人心涣散之时，古代圣王为了重新聚合民心而祭祀天帝，修建宗庙。

【原文】初六，用拯马壮①，吉。

【译白】初六，借助健壮的良马来弥补自身力量的不足，吉祥。

【原文】《象》曰：初六之"吉"，顺也。

【译白】《象传》说：初六之"吉"，是因为顺承九二之阳刚。

【原文】九二，涣奔其机②，悔亡。

【译白】九二，民心涣散之时，强者能助，弱者承助，共

---

① 用拯马壮：涣散之初，初六阴柔无以自保，又不与六四相应，只好求助于亲比之九二。九二阳刚能助，象征良马，初六、九二刚柔并济，故曰"用拯马壮"。

② 涣奔其机：机，通"几"，几案，能承物者也。初六承于九二，故初六为"机"。结合前文看，九二为马，而九二与九五亦不相应，九二之马只好奔而向下，就初六之"机"，故曰"涣奔其机"。又下坎为险，九二正处于坎险之中，下而就初亦可脱险。由此可知，涣散之时，当抱团取暖，合力为胜，于彼此皆有益。

渡难关，灾祸就会消除。

【原文】《象》曰："涣奔其机"，得愿也。

【译白】《象传》说："涣奔其机"，说明九二实现了避险消灾的心愿。

【原文】六三，涣其躬^①，无悔。

【译白】六三，宁愿自身受到损伤，没有悔恨。

【原文】《象》曰："涣其躬"，志在外也。

【译白】《象传》说："涣其躬"，说明六三有上九应援，其志在外。

【原文】六四，涣其群，元吉。涣有丘，匪夷所思。

【译白】六四，涣散之时，君臣协力，共聚民心，在这样的号召下，离散的人们汇聚成群，大吉。水中分散的沙粒也能聚成土丘，这不是一般人所能想到的。

【原文】《象》曰："涣其群，元吉"，光大也。

---

① 涣其躬：涣卦之中，唯独六三与上九相应，但六三不中不正，因此处"涣"之时无动于衷。又因六三有上九应援，所以能够应付，故曰"涣其躬"。

【译白】《象传》说:"涣其群,元吉",说明治乱世有功,品行光明正大。

【原文】九五,涣汗其大号①。涣王居,无咎。

【译白】九五,像挥发身上的汗水一样发布重大的命令,臣民无所不从。君王处于九五尊位,合中正之德,因时制宜,治涣有道,没有灾祸。

【原文】《象》曰:"王居,无咎",正位也。

【译白】《象传》说:"王居,无咎",是因为九五位置中正,合乎中正之道。

【原文】上九,涣其血去逖②出,无咎。

【译白】上九,危险逼近时紧张不安,只要怀着警惕小心的心态,远远地避开,就没有灾祸。

【原文】《象》曰:"涣其血",远害也。

【译白】《象传》说:"涣其血",是说要懂得避祸之道。

---

① 涣汗其大号:人身出汗,沾湿四体,犹如君王恩德普遍浸润臣民,上下一心,关系浃洽。此时发号,万众服从,故曰"涣汗其大号"。
② 逖(tì):通"惕",警惕。

䷻水泽节

【原文】节：亨。苦节，不可贞。

【译白】节卦象征节制：亨通。但过分的节制将使生活凄苦，不能长久保持。

【原文】《彖》曰：节"亨"，刚柔分而刚得中。"苦节，不可贞"，其道穷也。说①以行险，当位以节，中正以通。天地节而四时成。节以制度，不伤财，不害民。

【译白】《彖传》说：节卦"亨"，是因为阴爻阳爻数目相等，阴阳均分，并且阳爻占据中位。"苦节，不可贞"，是因为节制之道已经到了极点，过极则变，不能长久。下兑为悦，上坎为险，喜悦而冒险，应当对自己有所节制，秉持中正之道以致亨通。天地有所节制，因此四季分明，轮转不错。天下节制要有相应的制度，不能穷奢极欲、劳民伤财。

---

① 说（yuè）：同"悦"，喜悦。

【原文】《象》曰：泽上有水，节。君子以制数度[1]，议德行。

【译白】《象传》说：下兑为泽，上坎为水，泽上有水，若不加节制将洪水泛滥，所以需要建筑堤坝，节制水势，这就是节卦的象征。君子观此卦象，应当制定适当的礼法制度，并以此作为衡量德行的标准。

【原文】初九，不出户庭，无咎。

【译白】初九，停住脚步，闭门不出，没有灾祸。

【原文】《象》曰："不出户庭"，知通塞[2]也。

【译白】《象传》说："不出户庭"，说明懂得通则当行、阻则当止的道理。

【原文】九二，不出门庭[3]，凶。

---

[1] 数度：指事物的广长尺寸，广为粗细，长为长短，工事百器各有其规格。指代统一的制度。
[2] 塞（sè）：阻塞不通。
[3] 不出门庭：九二"不出门庭"与初九"不出户庭"相较，只有"门"与"户"一字之差，而吉凶不同。因"户"以自身内部而言，而"门"以分别内外而言。九二与九五不相应，九二居内卦，九五居外卦，九二既不可向外求于九五，又以阳爻居阴位不正，上承六三阴柔小人失德，因此过分节制，闭门不出，故曰"不出门庭"。

【译白】九二，过分节制，闭门不出，凶险。

【原文】《象》曰："不出门庭，凶"，失时极也。

【译白】《象传》说："不出门庭，凶"，是说九二的行动不合时宜，极为不妥。

【原文】六三，不节若，则嗟若。无咎。

【译白】六三，如果不自我节制，就会叹息后悔。节制则没有灾祸。

【原文】《象》曰：不节之嗟，又谁咎也！

【译白】《象传》说：因为没有节制而招致灾祸，只能叹息后悔，这是咎由自取，又能怪谁呢？

【原文】六四，安节，亨。

【译白】六四，安于正道，有所节制，亨通。

【原文】《象》曰："安节"之"亨"，承上道也。

【译白】《象传》说："安节"之"亨"，是因为六四顺承九五中正之道。

【原文】九五，甘节，吉。往有尚。

【译白】九五，能适度节制，并从中感到恬淡舒适，吉祥。继续坚持就一定会得到褒奖。

【原文】《象》曰："甘节"之"吉"，位居中也。

【译白】《象传》说："甘节"之"吉"，是因为九五位置中正，合乎中正之道。

【原文】上六，苦节，贞，凶。悔亡。

【译白】上六，因过分节制而生活凄苦，长久坚持下去会有凶险。但如果及时悔悟，那么灾祸就会消失。

【原文】《象》曰："苦节，贞，凶"，其道穷也。

【译白】《象传》说："苦节，贞，凶"，因为节制到了极点，节卦之道已经穷尽。

䷼风泽中孚

【原文】中孚，豚鱼，吉。利涉大川，利贞。

【译白】中孚卦象征诚信：心怀诚信，连卑贱愚昧的小猪、小鱼都能被感化，吉祥。利于渡河跨险，利于坚守正道。

【原文】《彖》曰：中孚，柔在内而刚得中。说①而巽。孚乃化邦也。"豚鱼，吉"，信及豚鱼也。"利涉大川"，乘木舟虚也。中孚以利贞，乃应乎天也。

【译白】《彖传》说：中孚卦六三、六四两阴爻夹在上下四条阳爻中间，占据整卦的中心位置，九二、九五两阳爻分别占据下卦和上卦的中位。下兑为悦，上巽为顺，喜悦而卑顺。诚信可以感化邦国。"豚鱼，吉"，是说诚信遍及天下，就连小猪、小鱼都能感怀于心。"利涉大川"，是因为下兑为泽，上巽为木，木舟中空能容人，方有横渡湖泽之用。中孚卦利于坚守正道，是因为中孚之道顺应天时。

---

① 说（yuè）：同"悦"，喜悦。

【原文】《象》曰：泽上有风，中孚。君子以议狱缓死。

【译白】《象传》说：下兑为泽、上巽为风，风行于大泽之上，无处不受感应而泛起涟漪，这就是中孚卦的象征。君子观此卦象，应当慎重评议刑事案件，酌情宽释罪责、减免死刑。

【原文】初九，虞①吉，有它不燕②。

【译白】初九，仔细考虑后决定恪守诚信，这本来是吉祥的，但如果意志不坚定，总是存有异心，就无法获得安宁。

【原文】《象》曰：初九"虞吉"，志未变也。

【译白】《象传》说：初九"虞吉"，是因为信从的志向没有改变。

【原文】九二，鸣鹤在阴③，其子和之。我有好爵④，吾与尔靡⑤之。

---

① 虞：猜度，料想。
② 燕：通"宴"，安宁，安逸。
③ 阴：古时以山南水北为"阳"，山北水南为"阴"。此形容幽微隐秘之处。
④ 爵（jué）：古时的酒器。此指美酒。
⑤ 靡（mí）：分享。

【译白】九二，仙鹤在幽深的山林中鸣叫，小鹤有所感应，也声声应和。我有醇香的美酒，愿意与你一同分享。

【原文】《象》曰："其子和之"，中心愿也。

【译白】《象传》说："其子和之"，是说心愿由衷而发。

【原文】六三，得敌，或鼓或罢，或泣或歌。

【译白】六三，如临大敌，不知所措。或者一鼓作气，慷慨迎战；或者自动认输，避而不战；或者因被敌人侵略而哭泣；或者因打败敌人而高歌。

【原文】《象》曰："或鼓或罢"，位不当①也。

【译白】《象传》说："或鼓或罢"，是因为六三所处的位置不当。

---

① 位不当：六三、六四为中孚卦实中之虚，为诚信之主，但六三、六四位置有异，六四位置正当，而六三以阴爻处阳位不正，无所适从，故曰"位不当"。

【原文】六四，月几望，马匹亡^①，无咎。

【译白】六四，月亮将要盈满但还没有盈满，配好对一起拉车的马丢失了一只，没有祸害。

【原文】《象》曰："马匹亡"，绝类上也。

【译白】《象传》说："马匹亡"，是说六四诚信专一，宁愿离弃同类，也要一心信从王命。

【原文】九五，有孚挛如^②，无咎。

【译白】九五，具备诚信的品德，以一心之诚牵系天下万民之诚，没有灾祸。

【原文】《象》曰："有孚挛如"，位正当也。

【译白】《象传》说："有孚挛如"，是因为九五位置正当，合乎君王中正治国之道，可以将诚信推及全国，教化万民。

---

① 马匹亡：古时驾车用四马，以同色为宜，若不能同色，则以同色的两马相匹配，称为一匹，两匹并驾齐驱。此指六四和初九，二者上下相应，象并驾齐驱之马匹，但六四上行亲比九五之君，不与初九匹配，故曰"马匹亡"。

② 挛（luán）如：连在一起的样子。同《☰风天小畜》篇"挛如"一词。

【原文】上九，翰音^①登于天，贞，凶。

【译白】上九，锦鸡鸣叫的声音响彻天空，这种徒有虚声的作风坚持下去会有凶险。

【原文】《象》曰："翰音登于天"，何可长也！

【译白】《象传》说："翰音登于天"，这种华而不实的作风声高于情，怎么能长久保持呢？

---

① 翰音：翰，本意指锦鸡，善鸣但不善飞。飞向高空的声音，比喻徒有虚声。

䷽雷山小过

【原文】小过：亨，利贞。可小事，不可大事。飞鸟遗之音，不宜上宜下，大吉。

【译白】小过卦象征略为过分：亨通，利于坚守正道。可以做小事，不能做大事。飞鸟留下悲鸣之声，不应该向上强飞，而应该向下栖息，大吉。

【原文】《彖》曰：小过，小者过而"亨"也。过以"利贞"，与时行也。柔得中，是以"小事"吉也。刚失位而不中，是以"不可大事"也。有飞鸟之象焉，"飞鸟遗之音，不宜上宜下，大吉"，上逆而下顺①也。

【译白】《彖传》说：小过，"小"指"阴"，意思是阴柔略为强盛（与大过相对，大过为阳爻占据中位，小过为阴爻占据中位），只有小过，所以亨通。有过失还"利贞"，是因

————————

① 上逆而下顺：人闻飞鸟之声在下，若飞鸟向上而飞，则身与声相逆，遇高山响雷（雷山小过）；若向下而飞，则身与声相顺，应天合人，故曰"上逆而下顺"。

为要适时而动。阴爻占据中位，因此"小事"吉祥。阳爻都不占据中位，因此"不可大事"。小过卦还有飞鸟的象征，"飞鸟遗之音，不宜上宜下，大吉"，是因为向上为逆，向下为顺。

【原文】《象》曰：山上有雷，小过。君子以行过乎恭，丧过乎哀，用过乎俭。

【译白】《象传》说：下艮为山，上震为雷，山上有雷，雷声超过了寻常的态势，这就是小过的象征。君子观此卦象，在一些小事上可以对自己要求过分一些，比如言行举止要稍过恭敬，参加丧事要稍过哀痛，日常用度要稍过节俭。

【原文】初六，飞鸟以凶。

【译白】初六，飞鸟将有凶险。

【原文】《象》曰："飞鸟以凶"，不可如何也！

【译白】《象传》说："飞鸟以凶"，是因为初六与九四相应，飞鸟极欲向上高飞，因此凶险，谁也拿它没有办法。

【原文】六二，过其祖，遇其妣^①。不及其君，遇其臣^②。无咎。

【译白】六二，超过祖父，遇到祖母。但不能超过君王，要以臣子的身份侍奉君王。没有灾祸。

【原文】《象》曰："不及其君"，臣不可过也。

【译白】《象传》说："不及其君"，是因为臣子不能僭越君上。

【原文】九三，弗过防之^③，从或戕^④之。凶。

【译白】九三，自恃阳刚而对阴柔小人疏于防备，从而被小人所害。凶险。

【原文】《象》曰："从或戕之"，凶如何也！

---

① 过其祖，遇其妣（bǐ）：祖，祖父。妣，已故的母亲。此指祖妣，已故的祖母。六二与六五虽不应，但小过卦时义为过分，故以不应而求。六二欲求六五须过九三、九四，二者阳刚居上，象征父亲、祖父，六五以阴为尊，象征祖母，故曰"过其祖，遇其妣"。

② 不及其君，遇其臣：六五又象征君王。六二追求过分，不能超过君王，故只能以臣子身份侍奉君王左右，故曰"不及其君，遇其臣"。程颐《周易程氏传》注曰："遇，当也。"

③ 弗过防之：过防，严密防范。九三为小过卦唯一阳刚正位之爻，六二欲过之而求六五，九三应有所防范。防小人之道，正己为先，九三不失正位，能防则能免凶，不防则凶，故曰"弗过防之"。

④ 戕（qiāng）：杀害、残害。

【译白】《象传》说："从或戕之"，说明凶险是多么严重啊！

【原文】九四，无咎。弗过遇之①。往厉必戒，勿用，永贞。

【译白】九四，没有灾祸。阳刚并不过分，能够自得其道。但是自恃阳刚而躁进将会有危险，因此一定要自我警戒。君子之道，应当随时顺处，不能固守其常。（应以实际情况作为进退的准则，而不是阳必进、阴必退。）

【原文】《象》曰："弗过遇之"，位不当也。"往厉必戒"，终不可长也。

【译白】《象传》说："弗过遇之"，是因为九四爻以刚处柔，所处位置不当。"往厉必戒"，是说阳刚主动迎合阴柔，最终不可能长久无害。

【原文】六五，密云不雨，自我西郊。公弋②取彼在穴。

【译白】六五，天空乌云密布，但还没有下雨，乌云是从

---

① 弗过遇之：九四以阳爻处阴位，刚柔适度，并不过分，而能自得其道，故曰"弗过遇之"。"遇"亦作"正当"解。

② 弋（yì）：用带绳子的箭狩猎。射中猎物后只需将绳子拉回，便能获取猎物。

西边飘过来的。王公用带绳子的箭狩猎洞穴中的野兽。

【原文】《象》曰:"密云不雨",已上也。

【译白】《象传》说:"密云不雨",是因为阴气已经高过了阳气,阴阳不合,所以不能化雨。

【原文】上六,弗遇过之,飞鸟离之。凶,是谓灾眚[①]。

【译白】上六,不能遇合阳刚反而超过了阳刚,犹如冒进高飞的飞鸟遭到了射杀之祸。凶险,这就是灾殃祸患。

【原文】《象》曰:"弗遇过之",已亢也。

【译白】《象传》说:"弗遇过之",是因为已经过分到了极点,处境再凶险不过了。

---

① 眚(shěng):灾祸。

䷾水火既济

【原文】既济：亨小①，利贞。初吉终乱。

【译白】既济卦象征大功告成：柔小者亨通顺利，利于坚守正道。虽然成功之初吉祥，但是事物圆满成功之后将向亏虚、破败的方向发展，最终将导致混乱。

【原文】《彖》曰：既济"亨"，小者亨也。"利贞"，刚柔正而位当也。"初吉"，柔得中也。终止则乱，其道穷也。

【译白】《彖传》说：既济卦的"亨"，是说柔小者亨通。"利贞"，是因为阳爻居阳位（初、三、五），阴爻居阴位（二、四、上），阴阳各自端正。"初吉"，是因为六二阴爻居下卦中位。最终导致混乱，是因为既济卦的时道已经穷尽了。

---

① 亨小：非作"小有亨通"解。既济之时，大事既已成功，唯有小事可亨亨通，故不曰"小亨"而曰"亨小"。

【原文】《象》曰：水在火上，既济。君子以思患而预防之。

【译白】《象传》说：下离为火，上坎为水，水在火上，犹如水能灭火，火能煮水烹食，二者既相济又相息，这就是既济卦的象征。君子观此卦象，应当在大功告成之后仔细考虑将来可能出现的各种弊端，并防患于未然。

【原文】初九，曳其轮，濡其尾①。无咎。

【译白】初九，拉住车轮，制止它前进，小狐（既济卦与未济卦相对，同取小狐为象）过河沾湿了尾巴，无法快速前进。没有灾祸。

【原文】《象》曰："曳其轮"，义无咎也。

【译白】《象传》说："曳其轮"，是说成功之后不急于求上进，则不致过早由盛转衰，这样才没有灾祸。

【原文】六二，妇丧其茀②，勿逐，七日得③。

---

① 曳（yè）其轮，濡（rú）其尾：曳，拉拽。濡，沾湿。初九与六四相应，躁动急于上进，然而既济之时，大事已成，行当所止，因此拉住车轮，沾湿尾巴，阻止其冒进，故曰"曳其轮，濡其尾"。

② 茀（fú）：古时妇女出行所用的车蔽。妇女乘车出行不自露容貌，因此在车前车后盖上帘幕遮蔽容貌。

③ 七日得：同《☳☳震为雷》篇"七日得"，谓中正自守，必安定如常。

【译白】六二，妇女丢失了出行用的遮帘，不用去追逐寻找，七天之后自然失而复得。

【原文】《象》曰："七日得"，以中道也。

【译白】《象传》说："七日得"，是因为六二位置中正，合乎中正之道。

【原文】九三，高宗伐鬼方①，三年克之。小人勿用。

【译白】九三，商高宗武丁远征鬼方国，奋战三年，终于获胜。小人不堪此般重任。

【原文】《象》曰："三年克之"，惫也。

【译白】《象传》说："三年克之"，说明战争耗损甚多，胜利来之不易。

---

① 高宗伐鬼方：商末著名战争之一，商高宗武丁讨伐西北边境的鬼方，最终大获全胜。既济之时，天下安定，但仍有隐患，因此商王武丁远征鬼方，为民除害。九三以阳刚之才，示以君子当为国为民，小人则不堪重用。

【原文】六四，繻有衣袽①，终日戒。

【译白】六四，为了防止船身漏水，要随时准备好破旧的衣服堵塞船身的裂缝，整天保持戒备，以防灾祸发生。

【原文】《象》曰："终日戒"，有所疑也。

【译白】《象传》说："终日戒"，说明心中仍有疑虑，需要谨慎小心。

【原文】九五，东邻杀牛，不如西郊之禴祭②，实受其福。

【译白】九五，东边的邻国杀牛举行盛大的祭祀，不如西边的邻国举行简单而朴素的祭祀，这样才能实在地收获神明降下的福祉。

【原文】《象》曰："东邻杀牛"，不如西邻之时也。"实

---

① 繻（xū）有衣袽（rú）：繻，彩色的丝织品。袽，破布、旧絮。程颐《周易程氏传》谓"繻"当作"濡"。六四居上坎下位，取象与坎水有关，此作舟。渡人之后，木舟仍有漏水之患，因此需要提前准备破衣烂衫，堵塞船体裂缝，故曰"繻有衣袽"。有居安思危，自我警戒之意。

② 东邻杀牛，不如西郊之禴（yuè）祭：禴，薄祭。王弼注曰："牛，祭之盛者；禴，祭之薄者。"东为阳，指九五；西为阴，指六二。九五为既济之君，祭礼虽然丰实，但已无可再进，六二中虚，祭礼虽然微薄，但能实际地受福。

受其福"，吉大来也。

【译白】《象传》说："东邻杀牛"，还不如西边的邻国顺应天时。"实受其福"，说明正当其位，吉祥不断。

【原文】上六，濡其首，厉。

【译白】上六，小狐过河沾湿了头，将有危险。

【原文】《象》曰："濡其首，厉"，何可久也！

【译白】《象传》说："濡其首，厉"，成功之后，若不审慎怎能长久不败呢？

䷿火水未济

【原文】未济：亨。小狐汔^①济，濡其尾。无攸利。

【译白】未济卦象征事情尚未完成：只要努力、谨慎前行就能亨通。小狐过河快到对岸，却沾湿了尾巴，没有什么好处。

【原文】《象》曰：未济"亨"，柔得中也。"小狐汔济"，未出中也。"濡其尾。无攸利"，不续终也。虽不当位，刚柔应也。

【译白】《象传》说：未济卦"亨"，是因为六五阴爻占据上卦中位。"小狐汔济"，是说还不能脱离险境之中。"濡其尾。无攸利"，是因为不能继续将事情完成。虽然未济卦各爻位置都不正当（阴爻处阳位，阳爻处阴位），但是阴阳却能彼此相应。

---

① 汔（qì）：接近，差不多。

【原文】《象》曰：火在水上，未济。君子以慎辨物居方。

【译白】《象传》说：未济卦下坎为水、上离为火，火在水上，二者相离不相合，不能成以水灭火、以火烹煮之功用，这就是未济卦的象征。君子观此卦象，应当谨慎辨别事物的本质，使万物各得其所。

【原文】初六，濡其尾，吝。

【译白】初六，小狐过河沾湿了尾巴，有所憾惜。

【原文】《象》曰："濡其尾"，亦不知极也。

【译白】《象传》说："濡其尾"，是说不自量力，急躁冒进，结果招致麻烦。

【原文】九二，曳其轮，贞吉。

【译白】九二，拉住车轮，制止它前进，坚守正道则吉祥。

【原文】《象》曰：九二"贞吉"，中以行正也。

【译白】《象传》说：九二"贞吉"，是因为位置居中，行为正当。

【原文】六三，未济①，征凶。利涉大川②。

【译白】六三，事情并未完成，尚未脱险却急躁冒进，远征会有凶险。但利于渡河跨险。

【原文】《象》曰："未济，征凶"，位不当也。

【译白】《象传》说："未济，征凶"，说明六三所处的位置不当。

【原文】九四，贞吉，悔亡。震用伐鬼方，三年有赏于大国。

【译白】九四，坚守正道吉祥，灾祸消失。以雷霆万钧之势远征鬼方，三年后终于胜利，从而被封赏为大国诸侯。

【原文】《象》曰："贞吉，悔亡"，志行也。

【译白】《象传》说："坚守正道可获吉祥，悔恨会消失"，说明实现了建功立业的志向。

---

① 未济：六三阴柔且不中正，又处于下坎上位，坎为险，六三不能出险，不足以成济险之功，故曰"未济"。

② 利涉大川：六三不宜远征，是因为自身能力不足，但上有上九相应，得其助益方可济渡大河，故曰"利涉大川"。

【原文】六五，贞吉，无悔，君子之光，有孚。吉。

【译白】六五，坚守正道吉祥，无所悔恨，君子之道如此，具备诚信、光辉的美德。吉祥。

【原文】《象》曰："君子之光"，其晖^①吉也。

【译白】《象传》说："君子之光"，说明此时正是即将成功的关键时刻，君子的德行光明炽盛，方能成济世之功，带来吉祥。

【原文】上九，有孚于饮酒^②，无咎。濡其首，有孚失是。

【译白】上九，以至诚之心乐天顺命、饮酒作乐，本来没有什么过错。但如果于心不安，放纵失礼，如同小狐渡河被水沾湿头部，即使自信没有过失，也已经失于正道。

【原文】《象》曰：饮酒"濡首"，亦不知节也。

【译白】《象传》说：饮酒"濡首"，也太不懂得君子节不可失的道理了。

---

① 晖：通"辉"，光辉。
② 有孚于饮酒：上九处未济卦之极位，诚知大事难以成功，故而不思成功而自娱自乐，故曰"有孚于饮酒"。